ベーシック
英語構文文法

大谷直輝［著］

A Basic Guide
to English Construction
Grammar

まえがき

　本書を書こうと決心したのは、2016 年 10 月 8 日、リオデジャネイロの空港でした。その時、私はリオデジャネイロから 100km 以上離れたジュイス・デ・フォラという町で開かれた国際構文文法学会からの帰りであり、国際学会の熱狂が冷めないままぼんやりと中継地であるニューヨーク行きの飛行機を待っていました。国際構文文法学会はこれまでに私が経験したどの学会よりも刺激的で、学会中は世間の喧騒から隔離され、会場となったホテルに缶詰めになり、朝食時から夜の懇親会まで、構文について参加者と延々議論を行いました。そんな状態で、空港の椅子に座りながら構文文法の入門書である Hilpert（2014）をぼんやりと眺めていた時、偶然、著者の Martin Hilpert 氏が通りかかり、そこで学会中に感じた熱気や構文に関する疑問について話し合ううちに、自分が感じたこの熱い感覚を日本の研究者や学生とも共有したいと思うようになり、構文文法の入門書を日本語で書く決意をしました。

　本書は日本語で書かれた初めての構文文法の体系的な概説書といえます。構文文法は認知言語学を土壌として 1990 年頃に誕生した学問ですが、すでに誕生から四半世紀が立ち、多くの研究がなされているにもかかわらず、これまでなぜか、日本語で体系的に紹介をした入門書はありませんでした。もちろん、書籍の一部での紹介、構文文法と認知文法を統括した概説書、項構造構文を扱った研究書はありましたが、本書は、構文文法の枠組み全体を捉えようとする初めての試みといえます。

　本書は、構文文法に関係するさまざまなテーマを扱っています。1 章から 3 章では構文文法全体を概観しています。1 章では、構文の定義について、2 章では、構文文法の理論的な背景について、3 章では、構文を認定する具体的な方法について示しています。4 章と 5 章では、これまでの構文文法の

中心的なテーマであった項構造構文を扱っています。6 章と 7 章では、構文の意味的な基盤と心理的な実在性について論じています。8 章から 10 章では、構文文法の観点から、形態論、品詞、談話を扱っています。11 章では、構文の習得を、12 章では、今後の構文文法が進む方向性について見ています。

　本書の特徴を 1 つ挙げるとすると、一部の有名な構文の紹介ではなく、構文文法の理論全体を体系的に捉えようとしている点が挙げられます。読者の中には、構文文法というと二重目的語構文、結果構文、way 構文等の項構造構文を思い浮かべる人もいるかと思いますが、個別の項構造構文については 4.3 節、1.3 節、1.4 節など一部のページで扱っているだけです。本書では、むしろ、構文文法の理論的な背景となる用法基盤モデルの観点から、言語知識(すなわち、構文のネットワーク)とはどのようなものであるかを捉えようとします。そのため、どのように構文を習得するのかという言語習得(11 章)、心の中での構文のありよう(7 章)、談話から生じる構文(10 章)、構文文法とは対照的な言語観を持つ辞書・文法モデル(2 章)等、幅広いテーマを扱っています。

　構文文法は近年の科学技術の進歩とともに、飛躍的な発展を遂げている学問です。現在は、電子コーパスの整備によって、私たちが一生の中で聞いたり見たりする何倍もの言語データに短時間でアクセスできたり、心理実験等の方法論の発達によって、心の中での言語知識のありようを論じたりすることができる時代です。構文を研究する環境は整っていますので、構文について学ぶだけでなく、ぜひ構文の観点から言語を見てみてください。読者の皆さんにとって、本書が構文文法に興味を持つきっかけになれば、著者としてそれ以上に嬉しいことはありません。

　今回の出版にあたって多くの方々のお世話とご協力をいただきました。ここで、特にお世話になった方々に感謝の意を示したいと思います。山梨正明先生、Martin Hilpert 先生、中山俊秀先生、深田智先生、篠原和子先生、町田章先生、柴﨑礼士郎先生、小原京子先生、早瀬尚子先生、松本曜先生、黒田航先生、長屋尚典先生、石井康毅先生、内田諭氏、堀内ふみ野氏、佐治伸

郎氏、吉川正人氏、中村文則氏、木山直毅氏、木本幸憲氏には構文文法、認知言語学、談話機能言語学、コーパス言語学等の観点から多くのご意見をいただきました。

　本書の草稿は、堀内ふみ野氏、木山直毅氏、中村文則氏という優れた3名の若手研究者が細部まで丁寧にチェックしてくれました。友人だからこそできる3名の厳しくも温かいコメントにはただ感謝しかありません。研究室の院生である曽根真基君、坂本郁夫君、濱本宏樹君、山下航平君も原稿の一部を読んでコメントをくれました。また、ひつじ書房の松本功社長と森脇尊志氏には構文文法の入門書を出版する機会を与えていただいたこと、深く感謝します。

　本書は多くの方々のご協力によって世に出ることとなりましたが、至らない点はすべて著者である私の責任です。正直に言いますと、執筆中、構文文法について考えれば考えるほど奥が深いと感じるようになり、本当に構文について理解できているのか不安に思うこともありました。ただ、構文文法をできる限り体系的に理解しようとしながら、分かりやすい入門書を執筆しようとしたという点については自信を持って言えます。

　最後に、私を温かく見守ってくれる家族に感謝をします。自由気ままな研究生活に付き合ってくれる妻に、休日も大学に（こそこそ）出かけていく父を家で待つ2人の息子に、生み育ててくれた両親に心から感謝します。

2019 年 9 月 20 日
大谷直輝

目次

まえがき   iii

1 構文とは何か   1

1.1 はじめに   2

    1.1.1 構文とは何か？   2

    1.1.2 構文の例   4

1.2 言語記号から構文へ   6

1.3 抽象的な構文の紹介   8

1.4 構成性の原理   11

1.5 まとめ   15

2 辞書・文法モデルとイディオム問題   19

2.1 辞書・文法モデル   20

2.2 イディオム問題   23

    2.2.1 イディオムの遍在性と種類   23

    2.2.2 イディオムの生産性と分析性   25

2.3 辞書・文法モデルと日常言語   27

2.4 用法基盤モデル   30

    2.4.1 用法基盤モデルの特徴   30

    2.4.2 用法基盤モデルから見るイディオム   33

2.5 まとめ   34

3	**構文の認定方法**	**37**
3.1	構文と構成体	38
3.2	予測不可能性を超えて	42
3.3	構文の認定方法	44
	3.3.1　認定方法 1：形式面の不規則性	44
	3.3.2　認定方法 2：意味面の不規則性	45
	3.3.3　認定方法 3：表現独自の制約	47
	3.3.4　認定方法 4：表現が共起するコロケーションの選好性	48
3.4	頻度の偏り	50
3.5	まとめ	52

4	**項構造構文 1：基本的な考え方**	**55**
4.1	動詞と項構造構文	58
4.2	構文と創造性	60
4.3	項を増やす構文	63
	4.3.1　二重目的語構文	64
	4.3.2　結果構文と使役移動構文	67
4.4	事態を言語化する	70
	4.4.1　ビリヤードボール・モデル	70
	4.4.2　典型的な事態と構文	72

5	**項構造構文 2：応用と関連現象**	**75**
5.1	項を減らす構文	76
	5.1.1　受動構文	76
	5.1.2　命令構文	79
5.2	構文交替と表層形による一般化	81
5.3	類似した構文と類像性	84

5.4	具体レベルの構文	87
	5.4.1 語彙・構文アプローチ	88
	5.4.2 コロストラクション分析	89
5.5	まとめ	91

6 構文の意味的な基盤 95

6.1	認識から言葉へ：認知言語学の考え方	97
6.2	主観的な意味の正体：捉え方	98
6.3	意味はどのように伝わるか：百科事典的意味・フレーム意味論	104
6.4	構文のカテゴリー的な特徴：プロトタイプ	107
6.5	まとめ	110

7 構文のネットワーク 113

7.1	メンタル・コーパス	115
7.2	構文のネットワークの基本設計	118
7.3	継承リンク	119
	7.3.1 具体例のリンク	121
	7.3.2 部分関係のリンク	121
	7.3.3 多義性のリンク	122
	7.3.4 メタファーリンク	123
	7.3.5 アマルガム構文	124
7.4	問題：最も抽象的な構文はどのようなものであるか？	125
7.5	まとめ	128

8 構文形態論 131

8.1	代表的な語形成	132
8.2	構文形態論の考え方	135

8.2.1	具体事例の扱い方	136
8.2.2	タイプ頻度とトークン頻度	136
8.2.3	形態論の段階性	138

8.3　構文形態論に基づく語形成　139

8.3.1	ネットワーク	139
8.3.2	類推による語形成	140

8.4　形態論と統語論の連続性について　142

9　構文と文法機能　147

9.1　文法カテゴリーに対する従来の考え方　148

9.2　文法標識　150

9.2.1	時制	150
9.2.2	Yes-No 疑問文	153

9.3　品詞　154

9.3.1	品詞の意味的な特徴づけ	155
9.3.2	名詞の下位分類	156

9.4　文法関係　158

9.4.1	主語	158
9.4.2	抽象的な文法カテゴリーは存在するか	161

10　談話と構文　165

10.1　談話から構文を見る必要性　166

10.1.1	談話とは何か	166
10.1.2	談話が構文に与える影響	168

10.2　談話機能を持つ構文　170

10.2.1	分裂構文	172
10.2.2	右方転位構文	175

10.3　談話と項構造構文　176

| 10.4 | 話し言葉と構文 | 178 |
| 10.5 | まとめ | 181 |

11 構文の習得 185

11.1	子どもが持つ言語知識	187
11.2	言語習得の社会・認知的な基盤	190
	11.2.1 刺激の貧困	190
	11.2.2 刺激の貧困は存在するか？	191
	11.2.3 言語の社会・認知的な基盤	193
11.3	ボトムアップの言語習得	196
	11.3.1 単文レベルの構文の習得：一語文から項構造構文へ	196
	11.3.2 複雑な構文の習得：wh 疑問構文、補文節構文、関係節構文	198
11.4	過剰一般化をどのように防ぐか	200

12 これからの構文研究 205

12.1	構文文法のまとめ	206
	12.1.1 構文文法と伝統的な言語学	207
	12.1.2 構文文法を用いた分析を行う利点	208
12.2	構文の心理的な実在性	210
12.3	構文の変種	213
12.4	構文の形式：マルチ・モーダル構文	217
12.5	構文文法という窓	219

| 参考文献 | 223 |
| 索引 | 231 |

第1章　構文とは何か

【キーワード】言語記号、構文的意味、構成性の原理
【扱う構文】二重目的語構文、前置詞与格構文、way 構文、語彙構文、イディ
　　　　　オム構文

　私たちがことばを使ってコミュニケーションをする際に必要となる知識や
能力にはどのようなものがあるでしょうか。外国語を学習する場合を考えて
みましょう。外国語を理解するには、単語を覚えなければいけないですし、
語の並べ方や語尾変化などのいわゆる文法知識を習得することも必須でしょ
う。また、初めて出会う語や句の意味を推測する能力や、発言内容と発言の
意図が違うことに気づく能力も必要です。話し言葉や書き言葉など、使う場
面に応じて言葉づかいが違うことも知らなければ、適切なコミュニケーショ
ンをとることもできません。

　ことばを理解したり使用したりするための知識や能力は他にも挙げること
ができますが、本書のテーマである構文文法(Construction Grammar)では、
言語活動を行ううえで必要となるこれらの知識や能力を、(1)のように構文
(construction)という概念を用いて説明しようとします。

（1）　ことばの適切な産出や理解には構文に関する知識が必要である。

構文文法では、言語知識は構文に関する知識からなると考えます。ただし、
ここで言う構文は construction の訳語であり、二重目的語構文や結果構文な
どの文レベルの構造だけを指すわけではありません[1]。構文には抽象的なも

のから具体的なものまで、また、複雑なものから単純なものまで、様々なタイプがあります。構文文法では、これらの構文が相互に関連したネットワーク（Construct-i-con）をなしながら言語知識を構成すると考えます。しかし、構文とはどのようなものであり、各構文がどのように関連しているかが説明されなければ、言語知識は構文に関する知識からなると言われても、それは空虚な言い換えに過ぎないと感じるでしょう。本書では、「言語知識はどのようなものであるか」という問いに対して構文という概念を用いて答えていきたいと思います。

1.1　はじめに

1.1.1　構文とは何か？

　最初に、構文と訳される construction の定義について見ていきます。構文文法が誕生する以前の伝統的な言語学では、construction に対して一般的に以下のような定義がなされていました。

（2）　構文は内部の構造が複合的な言語的な単位である[2]。

伝統的に言語学では、内部構造がある単位を construction と呼んできました。この定義によれば、例えば、freedom という語は ［free］と［-dom］という内部構造を持つ構文と言えます。一方で、［free］や［-dom］はそれ以上、分解ができない単純な構造を持つため、構文とは言えません。また、この定義には、具体的な単位だけでなく抽象的な単位も含まれます。例えば、free の発音 /friː/ は ［CCV］[3]という音節構造の、-dom の発音の /dəm/ は ［CVC］という音節構造の具体例と言えます。他にも、freedom fighter などの句も、それ自体が 1 つの構文であると同時に、［名詞＋名詞］という抽象的な構文が具体化したものと見ることができます。

　一方、Fillmore et al（1988）や Goldberg（1995）をはじめ構文文法の初期の研究では、construction を次のように定義します。

（３）　構文は形式と意味の対（a form-meaning pair）からなる言語的な単位で
　　　ある。

ここで言う形式とは音声や文字列のことであり、意味とは音声や文字列に
よって表されるもののことです（形式に何が含まれるかに関する詳しい議論
については 10.4 節を参照）。つまり、形式全体が 1 つのまとまりとして特定
の意味と結びついている言語的な単位が構文と呼ばれます。例えば、all of a
sudden というイディオム表現を例にすると、all of a sudden という文字列や
/ˌɔl əv ə ˈsʌdən/ という音声が形式であり、それが「突然」という意味と結び
ついているため、全体が構文とみなされます。言語には、語や形態素のよう
な単純かつ具体的なものから文型のよう内部構造を持つものまで、複雑性や
抽象性が異なる様々な構文が存在します。
　しかしながら、形式と意味の対からなる単位がすべて構文とされるわけで
はありません。構文文法における構文とは、知識として蓄えられている形式
と意味の対のことを指します。

（４）　構文は言語話者が習得した言語的な単位である。

私たちは日常生活における言語活動において様々な言語表現を産出したり、
理解したりしますが、構文と呼ぶためにはその単位を言語的知識として習得
していなければなりません。この定義に従えば、Give me a break! のような
頻出する表現は、英語の話者が表現全体を 1 つのまとまりとして記憶して
いると考えられるため、構文と認定できる一方で、多くの話者が初めて聞く
ような、Give Professor Daniel Smith a short break! のような表現は、Give me
a break! と文法的な特性は同等であっても、表現自体が言語使用者の頭の中
にある言語体系の中で構文としての地位を持っている可能性はほとんど考え
られないでしょう。この表現自体は構文ではなく、二重目的語構文という抽
象的な構文によって認可（sanction）される表現 [4] といえます。
　構文文法では、「言語知識はどのようなものであるか」を扱うため、言語
知識として蓄えられた形式と意味の対からなる単位を構文と呼びます。記憶

に蓄えられた構文に関する知識が、言語を産出したり理解したりする際の基盤になると考えられるからです。

1.1.2　構文の例

　次に、構文の具体的な例をいくつか見ていきます。構文には具体的なものから抽象的なものまであります。具体的な構文には語彙やイディオムが含まれ、抽象的な構文にはいわゆる文法規則が含まれます。伝統的な言語学では、語彙と文法規則は厳格に区別されていますが（2章を参照）、構文文法では両者はともに形式と意味の対からなる構文とみなします。

　最初に、具体的な構文について見ていきます。具体的な構文の場合、言語表現自体の形式と意味の一方あるいは両方において何らかの不規則な面が見られるため、全体を記憶する必要があります。(5)の例を見てみましょう。

(5)a.　　by and large

　　　b.　　kick the bucket

　　　c.　　desk, peace, greenhouse, at, while, the

　　　d.　　Good morning, Excuse me, Thank you

(5a)では、形式と意味の両面で不規則性が見られます。形式面では、等位接続詞の and によって、前置詞と形容詞の原級という異なる品詞が接続されており、意味面では「全体的に見て」という部分からは推測できない意味を表します。(5b)では、文法的には動詞と目的語句の組み合わせであるため、形式的な不規則性は見られないものの、全体が「死ぬ」という意味を持っており、意味の面での不規則性が見られます。(5a)と(5b)では表現の形式や意味が一般的な規則からは導かれないため、表現自体が構文として記憶されていると言えます。(5c)はいわゆる単語です。単語も構文の一種とすることには抵抗があるかもしれませんが、形式と意味の対からなり、全体を記憶する必要があるため構文と言えます。さらに、(5d)のような、会話内で挨拶、謝罪、感謝のような対人的な機能を担う表現も形式と意味の対からなる構文

とみなせます。

　一方、構文には抽象的なものも存在します。(6)の文は、抽象的な構文によって自動詞の sneeze が創造的に用いられている例です。

（6）　Frank sneezed the tissue off the table.　　　　　（Goldberg 1995: 152）

(6)は、「フランクはくしゃみをしてティッシュをテーブルから吹き飛ばした」という意味になります。(6)は表現自体が構文というわけでありませんが、「使役移動構文」[5] という抽象的な構文によって認可されます。使役移動構文は He put the tissue on the table という語の並びによって表されるように、［主語 - 動詞 - 目的語句 - 前置詞句］という形式と「話者の行為によって目的語が場所 {に／から} 移動する」という意味の対からなる構文です。sneeze は「くしゃみをする」という生理現象を表すため、一般的には自動詞とされますが、使役移動構文内に現れることで、「くしゃみをする行為によって、目的語であるティッシュが移動する」という事態を表すようになります。同様に、He swam his son to the island という文では、主語の行為を表す swim が使役移動構文の中で使われているため、「泳いで息子を島まで連れて行った」ことを表すようになります。

　このように、動詞が普段とは異なる文型で用いられる場合には使役移動構文のような、項構造レベルの構文が関与していることがあります。構文文法論では、動詞とは独立して存在する項構造構文(argument structure construction)の中に動詞が現れることによって、動詞が創造的に使われるようになると考えます。

　以下、本章では、構文という概念の理解を深めていくために、構文文法の学問的な背景や構文の特性について見ていきます。1.2 節では、構文文法の出発点となるソシュールの言語記号に対する考え方を見ていきます。1.3 節では、抽象的な構文の例として、二重目的語構文と前置詞与格構文が表す意味について見ていきます。1.4 節では、構文が表す意味を、「全体の意味は部分の意味の総和になる」という構成性の原理の観点から考えていきます。

1.2　言語記号から構文へ

　突然ですが、「言語とはどのようなものか定義してください」と言われた場合、読者のみなさんは何と答えますか。様々な答えがあると思いますが、現代の言語学の祖とされるソシュールは、「言語は記号である」とする言語記号(linguistic sign)という考え方を提唱しました。語は表すもの(すなわち、形式)と表されるもの(すなわち、意味)からなるという考え方です。例えば、「猫」という概念について考えてみますと、日本語では /neko/ という形式と結びついています。

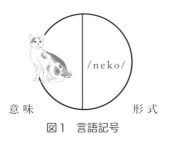

図1　言語記号

　一般的に、概念は言語形式と結びつくことによって意味と呼ばれるようになります。ソシュールは言語記号を、形式と意味が恣意的な(arbitrary)、つまり、論理的な必然性はなく結びついたものとして定義しました。言語の形式と意味の結びつきが恣意的であることは、「猫」という概念が各言語において異なる音形(形式)と結びついていることから支持されます。例えば「猫」は英語では /kæt/、フランス語では /ʃa/、中国語では /māo/ と言います。日本語話者にとって /neko/ という音形は「猫」という概念と結びつきますが、日本語話者以外には /neko/ という音形は意味をなさないか、あるいは違う意味と結びつくでしょう。

　また、言語記号の形式と意味はそれ以上に分解することができない単位です。つまり、/neko/ という形式の一部が欠けた /neo/ や /eko/ は、/neko/ が表す指示対象とは異なるものを指します。また、意味に注目すると、「猫」の一部である、「猫の爪」や「猫のしっぽ」は「猫」と同一ではありません。

　言語記号という概念が発展してできたものが構文です。構文は言語記号と

同様に、形式と意味の対として定義されます。構文は、複数の語の組み合わせからなっていても、全体の意味や形式が部分の要素を足し合わせることによって導かれないという特徴も持っています。

ここで、Goldberg（2006: 5）の分類を参考にしながら、複雑性や抽象性が異なる構文にはどのようなものがあるかを見ていきます。

表1　大きさと複雑性が異なる構文の例

(i)形態素	pre-, -ing
(ii)語	table, computer, and
(iii)複合語	greenhouse, built-in
(iv)複合語（変項あり）	［N-s］（規則的な複数形），［V-ed］（規則的な過去形）
(v)イディオム　（変項なし）	spill the beans, for here to go
(vi)イディオム　（一部が変項）	jog ⟨someone's⟩ memory, send ⟨someone⟩ to the teacher
(vii)比較相関構文	The X-er the Y-er（例 the more you think about it, the less you understand it）
(viii)way 構文	X V X's way PP（例 John dug his way out of the prison.）
(ix)二重目的語構文	X V Y Z（例 John threw the umpire the ball.）

伝統的な英語学において、表1の各要素は異なるタイプの構造とみなされてきました。例えば、(i)は形態素、(ii)(iii)(iv)は語彙、(v)(vi)はイディオム、(vii)は語法、(viii)(ix)は文法現象あるいは統語規則とされています。

一方で、構文文法は(i)から(ix)に見られる共通点に注目します。それは、(i)から(ix)はすべて形式と意味の対からなる構文であり、それ以上分解すると全体の意味が消えてしまう点です。(i)から(vi)の形態素、語彙、イディオムは、単語辞典やイディオム辞典があるように、全体が意味を持っています。同様に、(vii)(viii)(ix)のような抽象的な語法や文法も、部分には分解できない全体の意味が存在します。例えば、(vii)の比較相関構文では、［The Xer the Yer］という形式が「X であればあるほど Y である」という意味と結びついています。そのため、形式の一部が変わり、［A Xer the Yer］のようになると、「X であればあるほど Y である」という意味は生じません。(viii)

の文では、「ジョンがすでに刑務所から脱出している」ことが表されています。このジョンが既に移動をしたとの解釈は、部分となる各要素(John、dug、his、way、out、of、the、prison)から導かれるわけではなく、[X V X's way PP] という語の並びから生じます(1.4 節で詳しく見ます)。また、(ix) の二重目的語構文にも部分には分解できない意味が見られます。二重目的語構文はすべてが変項からなる抽象的な構文ですが、V が行う行為によって、Y が Z の所有者になるという意味を持ちます。この Y が所有者になるという解釈は二重目的語構文が持つ意味であって、John threw the ball to the umpire. のような前置詞与格構文(prepositional dative construction)によって認可される文では、ボールを審判が受けたかどうかまでは表されていません。(1.3 節で詳しく見ます)

また、表1以外の言語記号にも構文とみなせる単位は存在します。例えば、抽象性が高い構文としては品詞や文法関係[6]などが、複雑性が高い構文としてはことわざやキャッチフレーズなどが、形式と意味の対として定義できます。

1.3　抽象的な構文の紹介

表1で挙げた構文の中で、抽象性や複雑性が高い構文がどのような意味を持つかについては、想像が難しいかもしれません。そこで、本節では、例として、二重目的語構文と前置詞与格構文について考えてみます。

（7）　John sent Mary a birthday card.
（8）　John sent a birthday card to Mary.

学校で習う文法では、(7)は第四文型(あるいは、二重目的語構文)、(8)は第三文型(あるいは、他動詞文)と呼ばれます。(7)と(8)のような文は、ともに「ジョンがメアリーにカードを送った」という同一の事態を表すということで、高校の授業で書き換えの練習をした方もいると思います。しかし(7)と(8)は単純に書き換え変えられるものではなく、各文によって表される事態は異なります。(7)では、ジョンがメアリーに送ったカードをメア

リーが受け取ったことが含意されます。一方、(8)では、ジョンが送った
カードをメアリーが受け取ったかどうかまでは示されていません。そのた
め、(9)と(10)のような容認可能性の違いが生じます[7]。

(9) ?John sent Mary a birthday card, but she didn't receive it.
(10) John sent a birthday card to Mary, but she didn't receive it.

(9)では、一文目によって、メアリーがカードを受け取ったことが含意され
るため、but she didn't receive it のような文を加えると、意味がおかしくなり
ます。一方、(10)の一文目はジョンがメアリーにカードを送ったことを表
すのみで、メアリーがカードを受け取ったことまでは含意されていないた
め、(10)は問題なく容認されます。

　ここで、(7)と(8)の意味の違いは、どのように生じるかについて考えて
いきます。(8)とは対照的に、(7)の John sent Mary a birthday card では、メ
アリーがカードを受け取っており、カードの「所有者」になっています。し
かし、(7)のメアリーが所有者となることは、単純に構成要素である John,
sent, Mary, a birthday card を組み合わせても、導かれません。(7)と(8)の構
成要素である単語はほとんどが一致していることを考えると、メアリーが
カードの所有者となる解釈は文の構成要素である単語から導かれるわけでな
く、単語の並べ方(すなわち、語順)によってもたらされると考えられます。
つまり、単語を二重目的語構文 [X V Y Z] の配列に並べることによって、
Y が Z の所有者であるという意味が生じます。図示すると、以下のように
なります。

(11)　二重目的語構文
　　　[X V Y Z]－X CAUSES Y TO RECIEVE Z
　　　　　　　　(X によって Y が Z を受け取る)
　　　形式　　　　　　意味

二重目的語構文では、Y が Z の所有者であることを含意します。そのため、

所有者として解釈されにくいものが Y に現れると容認可能性が低くなります。

（12）?John sent the island the seal.（ジョンはその島にアザラシを送った）
（13）?John sent New York the mail.（ジョンはニューヨークに手紙を送った）
（14）　John sent the zoo the seal.（ジョンは動物園にアザラシを送った）

（12）や（13）では、島や都市のような地理的な場所は所有者として解釈されにくいため、容認可能性が低くなります。一方、（14）のように、組織が存在する動物園のような場所の場合、組織が所有者として解釈されるため、意味的な矛盾は生じません。
　一方で、（12）や（13）のような場所への送付は前置詞与格構文を用いて（15）や（16）のように表すことができます。

（15）　John sent the seal to the island.
（16）　John sent the mail to New York.

（15）や（16）では、島や都市が送付物の所有者ではなく、送付物が送られる場所であることを表します。前置詞与格構文は（17）のように示すことができます。

（17）　前置詞与格構文
　　　　[X V Y to Z] − X CAUSES Y TO GO TO Z
　　　　　　　　　　　　（X によって Y が Z に移動する）
　　　　　　形式　　　　　　　　意味

（17）が示すように、前置詞与格構文は Y が Z に移動するという意味を持ちます。そのため、Y が移動物とは解釈できないような場合は容認可能性が低くなります。

（18）?? He always gave a headache to me.

(19) He always gave me a headache.

頭痛のような抽象的な生理現象は移動物とは認識されにくいため、(18)の容認可能性は低くなります。一方、「頭痛持ち」という表現が日本語にも存在するように、痛みは経験者の所有物として容易に解釈することができるため、(19)のような二重目的語構文は問題なく用いられます。

このように、二重目的語構文と前置詞与格構文は異なる意味を持つため、どちらを使うかによって文が表す事態が異なったり、文の容認可能性が変わったりします。構文文法では、各構文は独自の意味を持つため、完全に同義の構文は存在しないと考えます(5.3節の類像性を参照)。

1.4 構成性の原理

次に、構文が持つ全体の意味とはどのようなものであり、部分の意味とどのような関係にあるかについて見ていきます。構文は全体が特定の意味に対応していますが、これは見方を変えると、構文では構成要素の意味を足し合わせても全体の意味にはならないということを表します。つまり、構文には部分には還元できない意味があるということです。

一般的に、複合的な言語表現の意味がどのように生じるか考えると、直感的には、部分の意味から生じると考えられるでしょう。例えば、blue car、blue pen、blue jeans のような表現では、形容詞 blue と各名詞の意味を組み合わせることで、「青い車」「青ペン」「青いジーンズ」のような意味が生じます。これは、$3 + 3 = 6$ や $3 \times 3 = 9$ のような数式と似ています。つまり、言語表現全体の意味に相当する計算結果は、要素である数字と、「足す」あるいは「掛ける」などの組み合わせ方によって導かれます。このように、全体の意味は部分の意味とその結びつき方によって導かれることを構成性の原理(Principle of Compositionality)と呼びます。

しかし、数学とは異なり、言語では必ずしも構成性の原理が完全に働くわけではありません。上で挙げた blue car, blue pen, blue jeans を例にしてみましょう。これらは一見すると、部分の意味の足し合わせによって全体の意味

12

が導かれると思われるかもしれませんが、実際はそれほど単純ではありません。blue car とは外装が青い車です。内装がいくら青くても外装が黒ければ black car に分類されるでしょう。同様に、blue pen は芯が青いペンのことを表します。blue car や blue pen が表す、全体ではなく特定の目立つ部分が青いという意味は、部分の意味の足し合わせでは導かれません。また、blue jeans と聞いた時に思い浮かべる青は、典型的な青色とは異なるでしょう。このように、一見すると、字義通りに見える表現であっても、私たちは部分の意味を組み合わせることで全体の意味を知るのではなく、複合的な表現全体を 1 つの意味と対応させて覚えています。もちろん、複合的な表現全体の意味は、大部分がその部分の意味から引き継ぎつがれていますが、一般的に、構成性は部分的にしか見られません（partial compositionality）。部分的な構成性は、見方を変えると、全体の意味にはその構成要素には還元できない性質が存在するということを表します。部分には還元できない構文全体が持つ意味は構文的意味あるいはゲシュタルト的意味と呼ばれます。

　部分には還元できない全体としての性質は、言語に限定されているわけではなく、私たちが何かを知覚する際にも一般的に現れるものです。つまり、人間は何らかの対象を認識する際に、部分や要素の集合ではなく、全体をまとまりとして認識する傾向があり、この全体性を持ったまとまりのある構造はゲシュタルトと呼ばれます。ゲシュタルトは単なる要素の集合とは区別されます。例えば、(* *)を知覚する場合、それを人の顔として知覚をすることができます。この場合、人の顔がゲシュタルトとなりますが、それは、単なる要素の寄せ集め（ここでは、丸括弧のペア 1 つとアスタリスクが 2 つ）とは異なる全体としての構造です。

　ゲシュタルトの考え方は構文という考え方の基盤となります。図 2 を見てください（Langacker 2008: 105）。

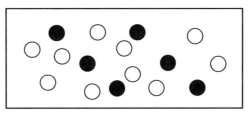

図 2　認識のレベル

　図 2 では、白い丸と黒い丸が点在していますが、黒い丸が線をなしているように見えるのではないでしょうか。この黒い線は各黒丸が直線上に並んでいることから生じます。つまり、私たちが黒い線として捉えるものは、各黒丸の特性ではなく、黒丸が一定の間隔で並んでいることにより生じています。さらに、黒い線を認識すると、左右の黒い線の間に平行関係があることにも気づくでしょう。このように、図 2 では、各丸を個別に認識するだけでなく、より高次の構造である直線や平行関係を見出すことができます。

　このような高次の認識は言語でも一般的に生じます。つまり、丸とその高次の構造（直線や平行関係）と同様の関係が、語のような低次の構文と文型のような高次の構文の間にも見られると言えます。例えば、各丸を語とすると、それが一定の順序で並べられることにより、部分には還元できない、より高次の構造（句やイディオム）が出現します。また、この高次の構造もさらに高次の構造の一部となります。出来上がった高次の構文が表す意味は部分には還元することができません。さらに、各要素の意味とその高次の構造の意味は同時に存在します。図 2 において、黒線による並行関係、黒い二本の線、各丸を同時に認識できるように、各レベルに属する構文は同時に存在します。

　下の例を見てみましょう。

(20)　Pat hit the sack.（パットは床に就いた）

(20)には、抽象性が異なる複数の構文が関わっています。まず、各丸に対応する語彙構文［Pat, hit, the, sack］が存在します。次に、［hit the sack］（床につく）も部分には分解できない意味を持っており構文といえるでしょう。

また、高次の構造である他動詞構文［X V Y］も見られます。さらに、動詞 hit が持つ典型的な項構造［X hit Y］も具体的な構文として関わっており、異なるレベルに属する構文が同時に存在します。

　最後に、もう 1 つ、代表的な構文である way 構文が持つ意味を Goldberg (1995) の議論に基づいて見ていきます。way 構文は、「動詞が表す行為によって出現した道を通って主語が移動する」事態を表しますが、その移動の意味は、構文内に現れる各要素を組み合わせただけでは生じません。

(21)　Frank dug his way out of the prison.

(22)　Frank found his way to New York.

(21)では、「フランクは穴を掘り刑務所から脱出した」事態が、(22)では、「フランクはニューヨークにたどり着いた」事態が表されています。しかし、主語のフランクがすでに場所を移動したという解釈はどこから生じるのでしょうか。この移動の解釈が文の中のどの語彙的要素にも含まれていないことは、(23)や(24)のように、一部の要素を置き換えた文からも明らかです。

(23)　Frank dug his escape route out of prison.

(24)　Frank found a way to New York.

way を類義語の escape route に置き換えた(23)は、「フランクは刑務所から脱出する逃げ道を掘った」事態を表し、フランクがすでに脱出をしたことまでは表しません。同様に、所有格の his を冠詞の a に置き換えた(24)は「フランクはニューヨークへ通じる道を見つけた」事態を表し、こちらもフランクがすでにニューヨークへ移動したという意味は含まれません。そのため、(21)(22)の way 構文は、(23)(24)の文とは異なり、「まだ出発していない」という意味の文を後続させることはできません。

(25)　*Frank dug his way out of the prison, but he hasn't gone yet.

(26) *Frank found his way to New York, but he hasn't gone yet.

(27) Frank dug his escape route out of the prison, but he hasn't gone yet.

(28) Frank found a way to New York, but he hasn't gone yet.

これまでの対比から、(21)や(22)の文が表すすでに主語が移動をしたという意味は、高次の単位である way 構文、すなわち、[X V X's way PP] という形式に結びついていることが分かります。

　この way 構文は、動詞とは独立した構文として、言語知識に蓄えられていると考えられます。そのため、way 構文とは意味的に調和しない動詞であっても、way 構文内の動詞のスロットを埋めることで、新しい表現が誕生します。

(29) a. Joe elbowed his way into the crowd.（ジョーは肘でかき分けながら聴衆に入っていった）

　　 b. Joe tried to read his way into sleep.（ジョーは読書をすることで眠りにつこうとした）

(29)では、elbow や read のような本来は物の移動とは結び付かない動詞が、way 構文の中で使われることによって、「肘でかきわけながら移動した」事態や、「読みながら眠りにつく」事態を表しています [8]。

1.5　まとめ

　本章では、構文文法論の基本的な考え方を見てきました。構文文法はソシュール以来の言語記号観を発展させ、言語に見られる様々なタイプの形式と意味の対を構文という観点から捉える言語理論です。構文は部分には還元できない全体的なまとまりを持ち、知識の中に蓄えられる言語的な単位を表します。私たちは構文に関する知識を用いて言語的な活動を行います。

　第2章では、構文文法の理論的な背景となる用法基盤モデル（the usage-based model）の考え方を、現在の言語学で広く採用されている辞書・文法モ

16

デルの考え方と対比しながら、概観していき思います。用法基盤モデルは言語知識がどのようにして習得されるかを論じるモデルです。構文文法では構文が言語知識の根幹をなすと考えますが、構文というまとまりが記憶の中に蓄えられ、人間の言語活動を支える基盤となると主張するためには、構文がどのようにして習得されるかを説明する必要があります。

■　問題

1　構文とはどのようなものとして定義されるか考えてみよう。

2　構文にはどのような種類があるか挙げてみよう。

3　構成性の原理とはどのようなものか例を挙げて説明してみよう。また、下の(a)や(b)の言語表現には構成性が見られるかどうか、その理由とともに答えよう。

　(a)black pen, blackboard, black coffee

　(b)黒板、黒人、黒ペン、白黒つける

4　次の文を比較してどのような意味の違いがあるか考えてみよう。また、意味の違いはどのようにして生じるか考察しよう。

　(a)John bought her a flower.

　(b)John bought a flower for her.

5　construction を「構文」と訳すことについて見解を述べよう。

■　読書案内

　構文文法論の出発点となる文献は Fillmore et al. (1988) と Goldberg (1995)です。後者は河上・早瀬・谷口・堀田 (2001) として翻訳されています。日本語で読める構文文法の入門書としては、大堀 (2002) の7章と8章や、構文文法と認知文法の観点から書かれた山梨 (2009) があります。Hilpert (2014) は近年の構文文法の成果を簡潔にまとめた良書です。

1　construction には「構文」という訳が定着していますが、文レベルの構造以外にも語、句、イディオムなど様々なレベルのまとまりが含まれるため「構造」と訳す方が実態に近いと言えます。

2　この伝統的な定義を用いる場合 construction の訳語は「構造」と訳されるのが一

般的です。

3　C は子音(consonant)、V は母音(vowel)を表す記号です。C や V は具体的な音素が規定されていない点で抽象的と言えます。

4　構文によって認可される言語表現は構成体と呼ばれます(3.1 節を参照)。

5　使役移動構文については 3 章で詳しく論じます。

6　文法関係とは、主語や目的語のような、名詞句が述語と結ぶ関係のことです。

7　例文の前にある？は意味がやや不自然であること、?? は意味がかなり不自然であること、＊は文が非文法的であることを示します。

8　語が持つ意味がその語が使われる構文の意味に影響を受け、構文が持つ意味と矛盾が無いように変化することを強制(coercion)と言います(3.3.2 節を参照)。

第2章　辞書・文法モデルとイディオム問題

> 【キーワード】辞書・文法モデル、用法基盤モデル、語彙と文法の連続性
> 【扱う構文】イディオム構文、比較相関構文

　突然ですが、読者の皆さんに質問をします。皆さんはなぜ言語学を勉強しているのですか。言語学を通してどのようなことを知りたいですか。皆さんの中には、言語学を勉強する理由として、単語の成り立ちを明らかにしたい、語の並べ方の法則を見つけたい、あるいは、外国語を効率的に学習したいなどそれぞれの理由があると思います。では、言語学という学問が解明すべき最終的な対象はどのようなものでしょうか。異論はあるかもしれませんが、一般的には、言語学の最終的な目標は以下のものと言えます。

（1）　人間が持つ言語知識（あるいは言語能力）はどのようなものであるかを
　　　　解明すること

言語の研究者はそれぞれに独自の対象を研究すると同時に、多かれ少なかれ（1）のような大きな問いについても興味を持ちながら研究をしていると思います。
　人間の言語知識はどのようなものであるかを扱うおもな考え方には辞書・文法モデル（the dictionary-and-grammar model）[1] と用法基盤モデル（the usage-based model）があります。両者の言語観は対照的であり、どのようなものを文法と呼ぶか、どのようなデータを重要視するか、さらに、本書のテーマである構文に対する考え方が異なります。辞書・文法モデルでは語彙と文法規

則が重要であり、構文はあくまで語彙を文法規則によって組み合わせることで出来上がる二次的なものと考えます。一方、用法基盤モデルでは語彙も文法も抽象度が異なる構文とみなし、構文が人間の言語知識の根幹をなすと考えます。

　第 2 章では、辞書・文法モデルと用法基盤モデルを対照させながら見ていきます。最初に 2.1 節では、現在の言語学で広く用いられている辞書・文法モデルの考え方を概観していきます。辞書・文法モデルは、言語の様々な要素を捨象することで、抽象性の高い文法を想定するモデルです。2.2 節では、辞書・文法モデルにおけるイディオムの扱いを見ていきます。イディオムは辞書・文法モデルにおいて、語彙にも文法規則にも分類できない例外とみなされますが、日常言語には様々なタイプのイディオムがあふれています。2.3 節では、辞書・文法モデルが想定する文法と私たちが実際に日常生活で使用する言語に見られる違いを見ていきます。文法を抽象化して捉えることで、見えなくなってしまう言語の特性は多く存在します。2.4 節では、構文文法や認知言語学で広く採用されている用法基盤モデルの考え方を見ていきます。用法基盤モデルは、話者が日常的に言語を使用する中で、繰り返し現れるパターンや目立つパターンが定着することで、文法的な知識が誕生すると考えるモデルです。

2.1　辞書・文法モデル

　最初に、辞書・文法モデルの考え方を見ていきます。辞書・文法モデルは、その名が表すように、私たちが持つ言語知識は辞書（語彙）と文法（規則）という別々の独立した部門からなり、語彙が規則によって組み合わさることで文が生成されると考えます（影山 2001; Jackendoff 2002）。例えば、John is painting the two cars という文を発話する場合、話者は John、paint、the、two、car のような語彙を記憶しています。それを文法規則に当てはめた結果、John is painting the two cars. の順番に配列され、語彙も文法規則によって is painting や cars のように形が変わります。文の意味は語に文法規則を適用することで導かれ「ジョンは二台の車に塗装をした」という意味になりま

す。

　また、辞書・文法モデルでは、文法規則が適用されるのは語ではなくて品詞と考えます。例えば、他動詞の主語句、他動詞の目的語句、前置詞の補語句の主要部として現れるのは名詞に分類される語だけとされます(例 John loves Mary、in the garden)。名詞に分類される語であれば主語句、目的語句、補語句の主要部に現れる一方で、それ以外の品詞に分類される語はこれらの句の主要部には現れないとされます。

　辞書・文法モデルでは、部品となる様々な語を文法的な規則に従って組み立てることで、全体の文が出来あがると考えます。このため、辞書・文法モデルは、部品を使ってどのようなものができうるか(つまり、論理的に可能なあらゆる文はどのようなものであるか)を扱うモデルと言えます。そのため、辞書・文法モデルでは、特定の規則に従うかどうかを慎重かつ厳密に統制した作例(elicited data)が分析に用いられる一方、それが実際の言語使用の際に用いられるかどうかにはあまり焦点があたりません。例えば、(2)は論理的には可能であっても、日常言語では、言語学者が例に用いる以外では発話されることは考えにくい文です。

（ 2 ）　I guess you think he supposes she feels they are hungry.(彼らがお腹がすいていると彼女が感じていると彼が想像していると君が考えていると私は思っている)

(2)は言語の再帰性(recursivity)[2] を示すために使われる文ですが、論理的にはある構造の中に同じ構造を繰り返し当てはめることができたとしても、このような文は日常言語の文には現れないでしょう。

　次に、辞書・文法モデルにおける文法観についてみていきます。辞書・文法モデルでは、文法はある言語コミュニティにおける理想化された話者の頭の中にあるものと考えます(Chomsky 1965)。そのため、辞書・文法モデルにおいて想定される言語知識は、私たちが日常生活で使う言語知識に比べてかなり抽象的なものとなり、様々な要素が捨象されます。例えば、理想化された話者の頭の中にある文法では、言語の変種、言語の文脈、言語の変化は

捨象されます。以下に、辞書・文法モデルが想定する文法においてこの3つの要素がどのように扱われるかを見ていきます。

　第一に、言語知識は理想的な母語話者の頭の中に存在するため、文法は1つの均質的な体系とみなされます。均質的とは、つまり、どこをとっても・いつ誰にとっても同じ状態ということです。この言語観に基づくと、各個人が持つ文法知識の差異や方言差はないものと仮定され、そうした差を捨象した抽象的な言語知識のみが言語分析の考察対象となります。

　第二に、理想的な母語話者の頭の中にある言語知識は発話前の状態であるため、辞書・文法モデルでは、文が用いられる文脈は捨象され、生み出される言語表現は文脈に依存しない一般的な規則や制約により規定されていると考えます。そのため、文脈から切り離された単独の文が考察対象となります。

　第三に、理想的な母語話者の言語知識はある時点における知識であるため、言語の動的な変化は捨象されます。そのため、辞書・文法モデルでは、共時態と通時態を厳密に分け、共時態に注目する場合、文法を静的で固定化されたものとみなします[3]。つまり、言語の共時態にも潜在的に存在しているであろう変化の途中にある言語知識は扱われません。一般的に、言語は、時代とともに変化をしますが、この側面は捨象されスナップショットのような静的な言語が考察対象となります。

　辞書・文法モデルの言語観をまとめと表1のようになります。

表1　辞書・文法モデルが考察対象とする言語知識の特徴

辞書・文法モデル：言語知識はおもに文法と語彙からなる
特徴1：均質的な言語知識 特徴2：文脈から独立した言語知識 特徴3：静的な言語知識

　このように、辞書・文法モデルでは、理想的な母語話者の頭の中に存在すると考えられる抽象的な言語知識（能力）を仮定することで、その言語知識に関連する規則を見つけてきました。一方で、辞書・文法モデルが想定する言語知識と、実際に使用された文に観察される規則や傾向の間には大きな隔たりがあるのも事実です。2.2節と2.3節では、辞書・文法モデルが考える言

語知識と実際に用いられる言語が持つ特徴の違いを見ていきます。

2.2 イディオム問題

　最初に、辞書・文法モデルにおいて文法にも語彙にも分類できない例外と考えられている、イディオムについて取り上げます。イディオムは全体的な意味を持つと同時に、複数の語の組み合わせにより成り立つため、語彙と文法の両特徴を併せ持っています。語彙の観点から見ると、複数の語からなるまとまりであり、統語の観点から見ると、規則が適用できない定型表現と言えます。例えば、by and large や long time no see のような表現は一般的な文法の規則が適用できないため、全体を記憶していると考えるしかありません。そのため、辞書・文法モデルにおいては、イディオムは通常、辞書についている付録のようなものとして扱われます。つまり、語と同様に、句全体が 1 つの意味と対応することから、語に準じるものとして扱われます。

　しかし、イディオムは辞書の付録、あるいは辞書と文法の例外と片付けてしまっていいものでしょうか。本節では、遍在性と生産性というイディオムが持つ 2 つの特徴に注目しながら、言語知識におけるイディオムの位置づけを見ていきます。

2.2.1 イディオムの遍在性と種類

　最初にイディオムの偏在性を見ます。直感とは異なるかもしれませんが、実際の言語使用を見ると、イディオム的な表現は実に多く存在します。(3)の例文を見てください。

（3）a.　Mary is in prison.

　　　b.　She broke a leg in the accident.

　　　c.　What were you doing before you came here?

(3)の例は、一見すると規則的であり、部分の意味を組み合わせることで全

体の意味がもたらされるように見えます。しかし、これらの例には様々な不規則性が見られるため、表現全体がまとまりとして記憶されたイディオムであると言えます。(3a)は彼女が看守などではなく囚人として刑務所にいることを表します。prison は可算名詞であるため、実際に特定の刑務所に居る場合には、冠詞をともなって in a/the prison と言うはずですが、冠詞が現れない in prison の形式が、「服役中」という意味を表します。(3b)は「彼女が事故で足を骨折した」という意味です。形式面では、broke a leg のように不定冠詞の a が使われているため、誰のどの足を指すかは特定されていませんが、折れたのは彼女の足です。(3c)の、What were you doing?(どのような仕事をしていましたか)もイディオム的な表現です。do は様々な行為を表しますが、この場合、do という一般的な行為の下位語に当たる work の意味になります。このように、(3)の各文は一見すると不規則的な面を持っているようには見えないかもしれませんが、実際は様々な不規則性があるため、まとまりとして記憶する必要があるイディオム的な性質を持つ表現です。

　Taylor(2012)では、イディオムを四種類に分類しています。

表2　四種類のイディオム(Taylor 2012: 69-70)

意味的 イディオム	全体の意味が構成要素の意味からは導かれないもの (例 kick the bucket, spill the beans)
統語的 イディオム	統語規則によっては導かれない構造を持つもの (例 by and large, off with his head)
語彙的 イディオム	特定の使用パターンと結びついた語彙 (例 much, fan, little)
句の イディオム	意味が完全には予測できない短い語の連なり (例 in fact, at any rate, on occasion, on end)

イディオムと聞いて一般的に思い浮かべるのは、意味の面での不規則性が見られる意味的イディオムや、形式面での不規則性が見られる統語的イディオムでしょう。これらのイディオムにははっきりとした不規性が見られるので、イディオムと分かります。しかし、言語表現には、一見すると規則的に見えるが、規則だけでは完全には説明ができない語彙的イディオムや句のイディオムのようなものが存在します。

第2章 辞書・文法モデルとイディオム問題 25

　語彙的イディオムは語自体がイディオム的な性質を持つものです。特定の語がどのような環境で現れるかが、その語が属する品詞の観点からは予測できない場合、語がどのようなパターンで現れるかを個別に記憶する必要があるため、イディオム的と言えます。例えば、much は副詞あるいは数量詞とみなされますが、代名詞のように振る舞うことがあります（Taylor 2012: 58–59）。

（ 4 ）a.　Much has happened since we last met.

　　　b.　Much of what you say is common knowledge.

　　　c.　I didn't buy much.

　　　d.　Did you learn much about it?

　　　e.　I bought {??much / a lot}.

(4)のような much の代名詞としての使用法は、much が所属する品詞である副詞や数量詞からは推測できません。また、(4c)(4d)と(4e)の対比が示すように、目的語位置に現れる much は否定や疑問の文脈で使われる傾向が見られます。このような特性は、much 独自の振る舞いであるため、個別に記憶される必要があります。また、イディオムには、前置詞句のような、意味が完全には予測できない少数の語の連なりが存在します。例えば、in contrast, for example などは一見すると、意味が構成的にも見えますが、談話の中で、in contrast には文と文を対比するという、for example には例示をするという特定の機能が見られる点は、部分の意味からは推測できません。このような前置詞句のまとまりは、句のイディオムと呼ばれます。

　以上のように、様々なタイプのイディオムに注目すると、イディオムは辞書の付録として列挙されるような例外的なものではなく、日常言語にありふれた表現であることが分かります。

2.2.2　イディオムの生産性と分析性

　また、一般的に、イディオムは全体が固まっており、統語的な規則が適用

できない表現とされますが、ある程度の内部構造が見られ、統語的な規則が適用されることもあります。例えば、「多ければ多いほど良い」という意味を持つ The more, the better というイディオム表現には、The more, the merrier, The bigger, the better, The younger the messier のような類似した表現が見られます（Hilpert 2014: 9）。これらのイディオム表現は、すべて共通した統語的、意味的特徴を持ち、［The X-er, the Y-er］のような抽象的な構文（比較相関構文）の具体事例とみなすことができます。比較相関構文では、XとYに形容詞を入れることで生産的に文が産出されます。さらに、比較相関構文には文法的に異なる特性を持つ変種が見られます。

（5）a.　The darker the roast, the stronger the taste.

　　b.　The larger the company, the worse is the service.

　　c.　The stronger the voice we have, the more effective we are.

　　d.　The more that Mrs Bell reflected upon the subject, the more at a loss she was.

　　e.　The less he knows, the better.

　　f.　The more carefully you do your work, the easier it will get.

(Hilpert 2014: 9)

(5)が示すように、［The X-er, the Y-er］のXとYの位置には形容詞だけでなく、句や節が入ることもありますし、副詞が入ることもあります。しかし、英語の母語話者は、(5)のような多様な文の中から、［The X-er, the Y-er］という抽象的な形式と「Xであればあるほど、Yである」という共通の意味を認識できるでしょう。このようにイディオム的な構文はその一部が他の要素に代わるという、生産的な特徴が見られます。

　生産性と表裏一体の概念に分析性があります。分析性とは、語や句の内部構造がどの程度分解できるかに関係します。一般的にイディオムは全体が1つのまとまりであるとされるため、分析性が極めて低いとみなされますが、実際は典型的なイディオムであっても、分析性が見られます。kick the bucket を例にして見ていきましょう。

（6）a.　What would he do if I kicked the old bucket?

　　b.　To recap: My Kindle kicked the metaphorical bucket on the 25th.

　　c.　The old fool finally kicked it.　　　　　　　（Taylor 2012: 81）

kick the bucket は全体が「死ぬ」という意味を表しまとまりとして認識される一方で分析性が見られます。(6a)では、イディオム kick the bucket の内部に修飾語句が用いられています。(6b)では、主語が人間ではなく、kick the bucket には「死ぬ」という意味から「故障する」という意味への拡張が見られます。(6c)では、目的語が代名詞化していますが、死ぬという意味は保持されています。(6)の各例から、kick the bucket のような典型的なイディオムであっても分析性は見られ、部分的であったとしても文法的な規則が適用されていることが分かります。

　このように、イディオムには生産性や分析性が見られ、部分的であっても文法規則が適用されることがあるため、イディオムは語彙と文法の中間的な特性を持つと言えます。しかし、辞書・文法モデルでは文法と語彙を厳格に区別するという前提に立つことから、言語にありふれたイディオム表現を、例外的なものであるとみなす必要がでてきます [4]。

2.3　辞書・文法モデルと日常言語

　他にも、辞書・文法モデルが想定する言語と実際に使用される言語には多くの違いが見られます。ここでは、2.2 節で挙げた 3 つの辞書・文法モデルの文法観（文法は均質的であり、文脈から独立しており、静的な体系である）と実際の言語使用において観察される文法の姿に見られる違いを示していきます。

　1 つ目は、文法は理想的な母語話者の頭の中にある均質的な体系という考え方です。辞書・文法モデルでは、ある個別言語を均質的な 1 つの体系とみなしますが、私たちが実際に使用する言語には様々な変種が存在します。また、各個人が持っている言語知識にはかなりの個体差があると考えられます。(7)はすべて、「その村には郵便局がない」という事態を表す文です。

28

（ 7 ）a.　The village does not have a post office.

　　　b.　The village has no post office.

　　　c.　The village doesn't have a post office.

　　　d.　The village hasn't got a post office.

　　　e.　The village hasn't got no post office.

　　　f.　The village ain't got no post office.　　　　　　（Crystal 2010: 66）

　一般的に、(7a)(7b)がフォーマルな、(7c)(7d)が口語体、(7e)(7f)が非標準的と言われます。しかし、これらはすべて、文法規則によって作られた文であり、また、同一人物が場面によって使い分けることもあります。さらに、(7e)や(7f)が書き言葉では不適格とされる一方で、日常的な会話では頻出します。個人差を考慮すると、(7e)や(7f)の文を生成するための規則を持っていない人もいるでしょう。また、(7)のすべての表現を許容する母語話者であっても、どの規則がどの程度フォーマルであるかなどの知識は持っています。このように文法は変種を持つと同時に文体と深く関与していますが、理想的な母語話者を設定することによって、このような言語に関する変種、文体、個人差等は捨象されます。しかしながら、話し言葉、小説、新聞、論文、SNSなど異なる言語使用域では、語彙から文法までかなり異なる傾向が見られます。Biber et al.(1999)は 1,000 ページを超える文法書ですが、母語話者が持つ文法知識が使用される文体と深く関わっていることを示しています。

　2つ目は、生み出される言語表現は文脈に依存しない一般的規則や制約により規定されるという考え方です。この考え方があるため、辞書・文法モデルでは、作例を中心とした、文脈から独立した文が考察されます。しかし、基本的に、文がそれ単独で発話されることはなく、文はより大きな単位である談話の中に現れます。逆の観点から見ると文は談話を構成する構成要素でもあるため、発話される文の中には、その文が談話の一部であることを示す箇所があると言えます。例えば、(8)の各文はすべて「ウェンディが新しい車を買った」という同一の事態を表します。しかし、各文は談話内での前提が異なります。

（8）a.　Wendy bought a new car.

　　b.　What Wendy did was buy a new car.

　　c.　It was Wendy who bought a new car.

無標の形式である(8a)とは異なり、(8b)では、ウェンディが何かをしたことはすでに先行文脈等で共有されており、その内容が新車の購入であることを表しています。また、(8c)では、誰かが新車を購入したことはすでに既知の情報として共有されており、買った人がウェンディだったことを表しています。

　3つ目は、人間が持つ文法を静的な体系として捉えるという考え方です。辞書・文法モデルでは言語の共時態に注目して、静的で固定された言語知識を仮定します。一方、現実の言語では新しい語彙が日々誕生するだけでなく、音韻や文法も変化します。古英語と現代英語を比べてみると、語順、活用、機能語の多様性等、言語の本質的な部分に変化が見られ、相互理解が不可能なほどの違いが見られますが、言語を共時態で区切ることにより、日々の言語使用が蓄積され生じる言語変化は背景化されてしまいます。

　辞書・文法モデルは現在、様々な言語学の前提となっており、その考え方は教育現場にも広く浸透しています。しかし、近年、言語コーパスが急速に整備され、これまでのどの時代にも扱うことができなかった大量かつ多種多様な言語データに触れられるようになった結果、辞書・文法モデルが想定する文法と、私たちが実際に使用する文法の差異がますます大きくなっていることが明らかになっています。このデータと方法論の進化は同時に、実際に使用された言語データの中で観察される文法の姿を追い求めるという用法基盤モデルに基づく研究も促進させています。2.4節では、用法基盤モデルの考え方を見ていきます。

2.4 用法基盤モデル

2.4.1 用法基盤モデルの特徴

　用法基盤モデルは、私たちが持つ言語知識は日常的な言語使用の中から出現すると考えるモデルです。私たちは言語を使った様々なコミュニケーションを行いますが、その中で繰り返し用いられるパターンが言語知識として定着すると考えます。

（9）　[L] anguage structure emerges from language use, both historically and
　　　ontogenetically.（言語構造は歴史的にも個体発生的にも言語使用から
　　　立ち現れる）　　　　　　　　　　　　　　　　　　　　（Tomasello 2003: 327）

Tomasello（2003）では、歴史的な言語の成立についても、個人の習得のレベルでも、言語が持つ様々な構造は、言語使用（usage）から生じると述べています。歴史的にみると文法化（grammaticalization）[5] の議論が明らかにするように、コミュニケーションの中で繰り返し用いられる語や句には機能の変化が起こり、文法的な機能を持つようになることが多々あります。例えば、英語の助動詞（can, may, will など）や前置詞（concerning, considering, given, save, notwithstanding など）はもともと動詞でした。また、aside, ahead, beside などの前置詞の構成要素には身体部位が含まれています。

　歴史的に定着してきた文法体系と同様に、個人が持つ文法的な知識も、用法基盤モデルでは、言語使用から生じると考えます。11 章で詳しく見ますが、言語習得に注目すると、幼児は実際の言語使用にさらされる中で、最初は言語使用に頻出する表現自体をそのまま言語知識として蓄えます。例えば、Daddy gone, Mommy gone, Doggie gone という表現を記憶します。次に、頻出する表現の中に似た表現を見つけるとそれらを［NP gone］のようなまとまりとして認識するようになります。その後、ボトムアップに順々に［NP be gone］や［NP be V-en］のような抽象的な文法を獲得していくと考えられます。また、［NP be V-en］のような抽象的な文法だけでなく、抽象

的な文法の習得の過程にある、より具体的な［NP be gone］や具体的な言語表現である I'm gone(もう失礼するよ)なども、言語知識として蓄えていると考えます。

　ここで、用法基盤モデルが想定する言語知識が持つ5つの特徴をまとめます。この5つの特徴は、辞書・文法モデルが想定する文法とは対照的な特徴を持ちます。

(10)a.　言語知識は複雑性や抽象性が異なる構文からなる。
　　b.　言語知識は均質的なものではなく多様性を持つ。
　　c.　言語知識は言語使用の中で揺らぎ定着する動的なものである。
　　d.　言語知識は閉鎖した体系ではなく、認知・文化・社会等の要因によって影響を受ける。
　　e.　言語知識は言語媒体によって動機づけられる。

　第一に、言語使用から生じる言語知識は抽象性や複雑性が異なる構文からなると想定されます。つまり、言語使用の中で繰り返して用いられる具体的な表現自体を最初に記憶した後で、類似した表現を聞くことで、抽象化されたパターンを習得することから、具体的な言語表現も抽象化された文法規則も構文として記憶していると考えられます。また、構文には、形態素や語のような小さな単位から、イディオム、項構造、ことわざ、キャッチフレーズのような大きな単位まで、複雑性が異なる様々なまとまりがあると考えられます。

　第二に、言語使用から生じる言語知識は均質的なものではなく多様性を持つと想定されます。各話者の言語経験には類似した部分もありますが、住んでいる地域や所属するコミュニティ等によって、さらされる言語経験はかなり異なるものになると考えられます。このような異なる経験から言語知識が抽出されるため、言語知識には個人差が生まれます。特に、言語使用域に特徴的な文法知識や、どの程度抽象的な文法知識を持つか[6]については、各個人の経験に強く影響を受けるため大きな個人差が想定されます。

　第三に、言語知識は言語使用の中で揺らぎ定着する動的なものであると考

えられます。人間は生まれた際は言語知識を持っていませんが、成長とともに、言語知識の量も増えていきます。そのためボトムアップで言語使用から立ち現れる言語知識は完成というものがなく、常に、言語経験により刺激を受け柔軟に変化していく動的なものになると考えられます。

　第四に、言語知識は独立した体系ではなく、認知・文化・社会等からのフィードバックに対して開放されていると考えられます。つまり、言語は外部からの刺激によって影響を受けるため、言語使用者である人間の認知の仕方や、人間を取り囲む社会や文化のありようが、言語知識を形づけるうえで重要な要因となると考えられます。

　第五に、言語知識はコミュニケーションの場における様々な制約によって影響を受けると想定されます。これまで見てきたように、発話された言語表現はそれ自体が単独で発話されるわけではなく、より大きな談話の一部を構成します。言い換えれば、発話された文はコミュニケーションにおける様々な制約によって形作られます。一例を挙げると、近年の SNS(social networking service)や SMS(Short message service)における文体が挙げられます。

（11）　SMS の文体　　　　　　　標準英語の書き言葉
　　　　his is r bunsn brnr bl %　　his eyes are bunsen burner blue,
　　　　his hair lyk fe filings　　　his hair like iron filings
　　　　W/ac/dc going thru.　　　　With ac/dc going through.

（Crystal 2008: 15）

（11）では、左の列に SMS の詩が、右の列に現代英語の標準的な書き言葉での注釈が示されています。SMS では、短縮形、句読点の省略、顔文字(emoticon)、など多くの言語形式の変化が生じています(Crystal 2008)。SMS とその標準英語への書き換えを見ると、標準英語の書き言葉とはかなり異なる独自の形式が SMS で発達していることが分かります。

2.4.2 用法基盤モデルから見るイディオム

　このように、用法基盤モデルでは人間が持つ言語知識は言語使用からボトムアップに立ち現れ定着すると考えます。このモデルでは、語彙と文法規則はともに抽象性や複雑性が異なる構文とみなすため、2.2節で扱ったイディオム問題は生じません。つまり、イディオム表現は抽象性や複雑性が異なる様々な構文の中で、具体的かつ単純な構文である語彙と、抽象的かつ複雑な構文である文法規則の中間に存在するものとして、捉えることができます。むしろ、構文文法では、純粋な語彙や文法規則と呼べるものは少なく、人間の言語知識はイディオム的な表現が中核をなすと考えます[7]。

　様々なタイプの構文を抽象性と複雑性の軸でまとめると図1のようになります。

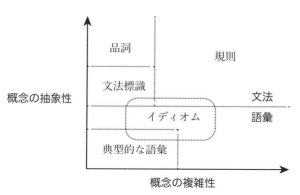

図1　抽象性と複雑性による構文の分類
（Langacker(2008: 21)を一部改）

　図1では、抽象性を表す縦軸と、複雑性を表す横軸を用いて様々なタイプの構文を分類しています。具体的かつ単純な構文には典型的な語彙項目があります。一方、単純ではあるものの、抽象性が高い構文には、（文法）標識や品詞があります[8]。例えば、catsのような表現では、[cat]が語彙項目に、[-s]が複数を表す標識に、[cats]全体は名詞という品詞になります（文法的な構文については9章を参照）。次に、横軸の複雑性に注目すると、イディオムは語に比べて、複雑性が高い構文といえます。また、さらに複雑性が増

した構文にはことわざやキャッチフレーズのような長いまとまりの定型表現
も存在します。また、従来、文法規則として捉えられていたものは、抽象性
も複雑性も高い構文とみなすことができます。例えば、二重目的語構文や結
果構文はすべての構成要素が可変的なスロットからなるため、抽象度も複雑
性も非常に高くなります。上で見た The X-er, the Y-er のような比較相関構
文は、一部のスロットが埋まっているため二重目的語構文や結果構文に比べ
ると、抽象度が低い構文と言えます。

2.5　まとめ

　本章では、言語知識とはどのようなものであるかを捉える対照的なモデル
である辞書・文法モデルと用法基盤モデルについて見てきました。辞書・文
法モデルは、私たちが持つ言語知識は主に辞書と文法からなると考え、言語
共同体における理想的な母語話者の頭の中にある知識や能力を考察対象とし
ます。そのため、実際に用いられる文法とは質的にかなり異なる文法が想定
されています。

　一方、用法基盤モデルでは、辞書(語彙)も文法も繰り返し行う言語経験の
中から抽出されると考えます。そのため、語彙と文法を連続的と捉え、語や
イディオムなどの具体的な表現と文法規則は、ともに抽象性が異なる構文と
みなします。この言語観では、典型的な語彙や文法の間には、複雑性や抽象
性が異なる様々なイディオムが存在して、言語的知識の中核をなすと考えま
す。

　両モデルの言語観をまとめると表3のようになります。

表3　辞書・文法モデルと用法基盤モデル

辞書・文法モデル	用法基盤モデル
語彙と文法を区分する	語彙と文法は連続的とする(両者は構文)
・言語知識は均質的	・言語知識は非均質的
・言語知識は静的	・言語知識は動的
・言語知識は文脈から独立	・言語知識は文脈に依存

　第3章では、ある言語的なまとまりを構文として認定するための4種類

の方法を見ていきます。構文は言語知識として定着している形式と意味の対として定義できますが、この4種類の基準の1つを満たすことで、1つの言語的なまとまりは構文として認定できます。この基準によって、構文と認定されるものを見ていくと、構文は、従来想定されているより、ずっと広範に言語に存在することが明らかになるでしょう。

■ 問題

1　辞書文法モデルと用法基盤では、それぞれ言語知識はどのようなものとみなしているか答えよう。

2　辞書・文法モデルでは、イディオムはどのように扱われるか考えてみよう。また、辞書・文法モデルにおける「イディオム問題」とはどのようなものか答えよう。

3　次の例はどのような点でイディオム的と言えるか考えてみよう。
　　(a) He went to school.（彼は学校に通った）
　　(b) He is in hospital.（彼は入院している）
　　(c) He went to bed.（彼は寝た）
　　(d) They are on vacation.（彼らは休暇中である）

4　理想化された言語話者の頭の中にあると想定される文法にはどのような特徴が見られるか考えてみよう。

5　言語使用から文法が誕生するとはどのようなことか、言語習得と文法化の観点から考えてみよう。

■ 読書案内

辞書・文法モデルの概要については Taylor(2012: ch.2)にまとまっています。辞書・文法モデルに基づいた研究書には、影山(2001)、Jackendoff(2002)等があります。用法基盤モデルの概要については早瀬・堀田(2005)や児玉・野澤(2009)にまとまっています。詳しく知りたい方は、Barlow and Kemmer (2000)、Bybee(2010)を参照してください。また、辞書・文法モデルと用法基盤モデルを採用する言語理論の特徴については、中山・大谷(近刊)の1章と2章を参照してください。

1 辞書・文法モデルは、words and rules approach や dual mechanism approach と呼ばれることもあります。辞書・文法モデルの解説には、Taylor(2012) や Hilpert(2014) を参照して下さい。

2 再帰性とは、ある構造の中に別の構造を原理的には無限に埋め込めるという言語の特性のことです。

3 共時態は通時態とは対を成すものであり、歴史上のある一点における広がりのことを指します。

4 辞書・文法モデルが想定するような辞書と文法の厳密な二分法が難しいことは認知文法(Cognitive Grammar) でも規則と一覧の誤謬(rule-list fallacy) として指摘されています Langacker(1987)。

5 文法化とは、名詞、動詞、形容詞などの内容語が接続詞、前置詞、代名詞、補文標識などの機能語(あるいは、文法標識)に変化することを表します。

6 ボトムアップで立ち現れる構文では、辞書・文法モデルが想定するような二重目的語構文や結果構文のようなすべてがオープン・スロットからなる抽象的な構文の存在を必ずしも前提とはされません。

7 対照的に、辞書・文法モデルでは、語彙を規則に基づいて組み合わせることで全体の構造が出来あがると考えるため、大切なのは語彙と規則に関する知識であり、イディオムを重要なものとは考えません。

8 図1において、文法標識よりも品詞が抽象的とされているのは、過去形を表す -ed や複数形を表す -s のような具体的な形式を持つ文法標識に対して、品詞には固定的な形式がないからです。

第3章　構文の認定方法

> 【キーワード】構成体、予測不可能性、コロケーション、頻度の偏り
>
> 【扱う構文】同族目的語構文、動詞不変化詞構文、二重目的語構文

　これまでに、言語には語やイディオムから項構造構文まで、複雑性や抽象性が異なる様々なタイプの構文が存在することを見てきました。構文文法では、これらの構文が相互に関連したネットワーク（construct-i-con）をなし、私たちの言語知識を構成すると考えます。この考え方は、2章で紹介した辞書・文法モデルとは相反するものであり、すべての言語学者に受け入れられているわけではありません。例えば、次のような疑問が解決されないと、言語知識はおもに構文に関する知識からなるとみなす考え方を採用することはできないでしょう。

・構文とはどのような概念であるか
・構文に関する知識をどのように習得するか
・構文に関する個々の知識はどのように結びついているか
・構文を用いてどのように言語の産出や理解を行うのか

本書では、このような疑問に順に答えていきますが、第3章では、1つ目の「構文とはどのような概念であるか」に関する理解を深めるため、言語的なまとまりを構文として認定するための方法について詳しく見ていきたいと思います。1.1節でみたように、構文は「言語知識として蓄えられている形式と意味の対」として定義されますが、存在が分かりやすいものから分かりに

くいものまであるため、認定をするための基準を知っておく必要があります。

　3章では、3.1節で、構文と構成体(construct)の区別を行います。構文は言語知識の一部として記憶されていますが、構成体は特定の構文を具体化した実例であり、記憶に蓄えられてはいません。例えば、Mary gave Sally a book のような表現は、表現自体が構文として記憶されているわけではなく、二重目的語構文が発話されて具体化した構成体と言えます。3.2節では、全体の意味が部分の意味から完全に予測可能な言語表現であっても一定の頻度で用いられる表現はそれ自体が構文として蓄えられている点について見ていきます。3.3節では、構文を認定するための具体的な4種類の方法を見ていきます。3.4節では、構文内で現れる特定の語に見られる頻度の偏り(skewed frequency)が言語の本質的な特徴であり、構文を習得する際の基盤となる点を見ていきます。

3.1　構文と構成体

　構文とはどのようなものかという基本的な問いに対して、十分に満足がいく答えを示すのは簡単なことではありません。最初に、構文と構文ではないものの区別をしていきたいと思います。構文文法の初期の頃 Goldberg(1995)では、構文を次のように定義しています。

（1）　C is a CONSTRUCTION iff$_{def}$ C is a form-meaning pair $\langle F_i, S_i \rangle$ such that some aspect of F_i or some aspect of S_i is not strictly predictable from C's component parts or from other previously established constructions. (Goldberg 1995: 4)（C が「構文」であるのは、C が形式と意味の対からなり、その形式か意味の一面が C の構成要素、あるいは既存の構文から完全には予測されない場合のみである。）

この定義には、2つの重要な特徴が含まれています。1つ目は、構文は形式と意味の対からなるという点です。つまり、音素のような形式のみからなる

第 3 章　構文の認定方法　39

単位や、ゼロ形態素のような形が存在しない単位は構文とはみなされません。2つ目は、構文の形式あるいは意味は完全には予測ができないという点です。例えば、Mary hit the wood chair のような表現は、意味面では構成的、形式面では規則的であるため、表現自体は構文とはみなされません。一方、ある表現に形式や意味の面で不規則性が見られる場合、既存の言語知識からその表現の形式的な特徴や意味的な特徴を予測するのが不可能であるため、表現全体が構文として言語知識の中に蓄えられていると言えます。

　最初に、形式面の予測不可能性が見られる例を見ます。皆さんもどのような点が不規則的か考えてみてください。

（ 2 ）a.　Don't be so stupid.（そんなバカなことはよしなさい）

　　　b.　He is so nice a person.（彼はとてもいい人だ）

　　　c.　Strange as it may seem, we will support your ideas.（奇妙に思えるかもしれないが、私たちはあなたを支持します。）

(2a)のコピュラ動詞 be を含んだ否定命令文では、通常のコピュラ動詞が現れる環境とは違い助動詞の do が現れています。(2b)の so nice a person も通常の文法規則とは副詞、形容詞、冠詞の語順が異なります。(2c)では、従属接続詞の as が文中に現れています。また、語を文法規則によって組み合わせることで意味が構築されると考えると、文法に不規則性が含まれる場合は、必然的に意味の非構成性を含むようになると考えられます。

　次の例は、意味の面で予測不可能性が見られる例です。

（ 3 ）a.　The homework was a piece of cake.（宿題は簡単だった）

　　　b.　He is a big wheel in the company.（彼はその企業の有力者だ）

　　　c.　John always sticks his head in the sand.（ジョンはいつも困難な現実を直視しようとしない）

(3)の各文は文法的には規則的ですが、意味的には非構成的と言えます。(3a)の a piece of cake は「簡単な」、(3b)の a big wheel は「有力な人」、(3c)

の stick one's head on the sand は「(困難な)現実を無視する」という意味になります。もちろん、(3)の各例には部分的な構成性が見られます。つまり、「(ケーキを食べるように)簡単な」「(大きな車輪のように)有効な」「(砂に顔を埋め何も見えないため)現実を無視する」というように、字義的な意味から推論できる部分もありますが、全体の意味が部分の意味から完全に予測できることはありません。

　形式や意味において不規則性が見られるため全体の構造が予測できない場合、その表現は構文として認定できる一方で、意味的に構成的であり、一般的な句構造や語形成の規則によって出来上がるような予測可能な表現は構文とはみなされません。

(4) a.　John is playing soccer.(ジョンはサッカーをしている)
　　 b.　John's lecture was so impressive.(ジョンの講義はとても印象的だ)
　　 c.　John told me that he loved me.(ジョンは私を愛していると言った)

構文文法では、(4)のような予測可能な言語表現自体は構文ではなく、抽象的な構文が実際に発話された具体事例(instance)とみなします。例えば、(4a)の John is playing soccer という発話は、それ自体が構文としての地位を持ち記憶に蓄えられているのではなく、抽象性が高い既存の構文である、他動詞構文(transitive construction)[1]や進行形構文(progressive construction)によって認可される具体事例とみなされます。

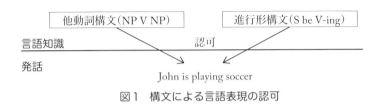

図1　構文による言語表現の認可

図1で示されるような、既存の構文から予測が可能な言語表現を構成体(construct)と呼びます。構成体は(5)のように定義できます。

（5） 構成体：より一般的な構文を具体化した句や文のこと。構成体自体は記憶されていない。

構成体は構文の具体事例です。つまり、構成体は、形式的にも意味的にも、すべての部分がより抽象的な構文から予測できたり、あるいは、構成要素を組み合わせることで予測できたりするものです。構文と構成体の違いをまとめると表1のようになります。

表1　構文と構成体の特徴

構文	構成体
言語知識の一部	構文の具体事例
全体の意味が既存の知識から予測不可能	全体の意味が既存の知識から予測可能
構成体に比べて抽象的	構文に比べて具体的

ここで、注意すべきことは、構文と構成体は厳格に区別されるものではなく、言語を使用する中で揺れ動く連続的なものであるという点です。言語知識のネットワークにおいて、各構文は、どの程度強く記憶されているかという定着度やどの程度目立つかという際立ちが異なります。一般的に、繰り返し使用されると構文に関する知識が活性化され、構文のネットワーク内でのその構文の際立ちは高くなります。一方で、構文があまり使用されないと、際立ちは低くなり、構文としての地位を失うこともあります。一方、構成体であっても頻度が高くなれば構文として定着しやすくなります。これは、言語の習得の過程を考えると当然のことです。つまり、幼児や学習者は言語を習得する前は、言語知識としての構文に関する知識を持っていません。しかし、言語を習得する過程で様々な発話にさらされ、定型句のような頻出する表現や重要な表現を認識することで、それが具体的な構文として定着します。さらにその具体的な構文に一般化が起こると、より抽象的な構文も習得すると考えられます。一方で、私たちは小学校の時にクラスで流行っていた言葉や、当時の先生や友達の口癖などをほとんど覚えていないように、一度習得した構文であっても使わなければ時間の経過とともにどんどん記憶が薄

れていき、構文としての地位を失っていきます。

3.2 予測不可能性を超えて

　言語表現の形式あるいは意味が既存の知識から予測可能であるかどうか
は、構文を認定する際の重要な基準になります。すでに知っている知識から
は予測できない場合、構造を全体として覚える必要があるからです。しかし
ながら、現在多くの構文文法の研究者たちは、予測不可能性を構文として認
定するための必要条件とはみなしていません。というのは、形式的にも意味
的にも透明(transparent)に見える表現であっても構文としての資格があるよ
うに思える表現が存在するからです。実際、Goldberg(2006)による構文の
定義では、以下のような文言が強調されています。

（ 6 ）　…［P］atterns are stored as constructions even if they are fully predictable
　　　　as long as they occur with sufficient frequency. (Goldberg 2006: 5)（パ
　　　　ターンは完全に予測可能であっても十分な頻度で生じていれば構文と
　　　　して蓄えられる。）

この定義は用法基盤モデルの考え方を重視した構文の定義です。構文が言語
使用の中から繰り返し生じるパターンから抽出されると考えると、十分に頻
度が高い表現については、表現自体が構文ネットワーク内に蓄えられている
と考えられるからです。
　以下の例を見てください。

（ 7 ）a.　I miss you.（寂しくなるね）
　　　b.　I don't think so.（そうは思わないよ）
　　　c.　Help yourself!（どうぞ召し上がれ）
　　　d.　Can I ask a favor of you?（お願いがあるんだけど）
　　　e.　How has your day been?（ご機嫌いかが）　　　　　　（Hilpert 2014）

（7）は日常生活の場面で使われる定型句です。（7）の各例は、予測不可能性が見られないため、一般的な構文の具体事例である構成体のように見えるかもしれません。例えば、（7a）は他動詞構文、（7b）は do 否定構文、（7c）は命令文、（7d）は Yes-No 疑問文、（7e）は Wh 疑問文の具体事例です。これらの例は、形式面では透明であり、意味的にも構成的ですが、表現自体を構文とみなす理由があります。それは、（7）の表現は頻度が非常に高く、定型句として慣習化しており、特定の文脈と強く結びついているからです。例えば、（7c）は、命令文であり、「自分のことは自分でしなさい」という意味を表しますが、この表現は食事を勧める際に用いられる丁寧な表現として定着しています。また、（7e）の How has your day been? は字義通りの意味では、「今日がどのような日であったか」という疑問を表しますが、表現全体が、会話を始めるという談話上の機能と結びついています。

　予測性があるにもかかわらず、構文として蓄えられている言語表現があることは意味変化からも分かります。例えば、頻度が高い表現はある程度の自立性を持ち、表現自体が独自の意味変化を遂げることがあります（semantic drifting）。一例を挙げると、I think、I guess、you know などは［S V］という構文の具体事例ですが、頻出する組み合わせ自体がまとまりとして認識されるため、［S V］という抽象的な構文には見られないような独自の進化を遂げ、談話標識化 [2] しています。同様に、sort of, kind of のような量を表す表現も［NOUN of］のような抽象的な構文の具体事例であると同時に、それ自体が 1 つの構文として記憶されているため独自の意味拡張をなし、"Do you like it?" "Kind of.（まあね）" のように、疑問文に対する返答に使われるようになったと言えます。

　このように、使用頻度が高く慣習化した表現は、表現自体が具体的な構文とみなすことできます。むしろ用法基盤モデルでは、構文的な知識は実際に使用された言語表現から一般化されると考えるため、慣習性の高い表現自体が構文ネットワーク内に蓄えられていることは当然と考えられます。（Langacker 2000）

3.3　構文の認定方法

前節までに、構文と構成体の区別をしましたが、本節では、実際に構文を分析する際に用いることができる 4 つの具体的な構文の認定方法について紹介をします。構文には目立つものから、意識しないと気づかないものまで存在するため、どのようなまとまりが構文として記憶されているかを見つけるには訓練が必要です。Hilpert(2014: 14–22)では、構文として認定する方法として 4 つの基準を示しています。

①表現の形式が規範的なものから逸脱しているかどうか。
②表現が非構成的な意味を伝達するかどうか。
③表現に独自の制約があるかどうか。
④表現にコロケーションの選好性があるかどうか。

①から④の基準は、ある言語的な表現や構造に、何らかの点で一般的な規則からは予測できない振る舞いが見られることを明らかにするものです。一般的な規則から完全には導かれないものは、構文として学習され、構文のネットワークの中に位置づけられると考えられます。

3.3.1　認定方法 1：形式面の不規則性

構文と認定するための 1 つ目の基準は、表現の形式が規範的なパターンから逸脱しているかどうかです。ある言語表現の形式面が、標準的な文法パターンから逸脱する場合、構文として認定ができます。例えば、by and large, long time no see 等の表現は等位構造や語順において規範的なパターンから逸脱しているため、表現全体が構文として蓄えられているとみなせます。表現全体がまとまりとして 1 つの意味に対応するため、long time no see の see を類義語の watch や look に置き換えたり、long を反義語の short に置き換えたりすると全体の意味が通じなくなってしまいます。

では、以下の例はどうでしょうか。

（8）a.　How come you came here today?（なぜ今日ここに来たんだい）

　　b.　I might as well go now.（もうそろそろ行った方がいいみたいだ）

　　c.　Bang goes my holiday.（私の休日はめちゃくちゃだ）

(8)の各文にも形式面の不規則性が見られます。(8a)は、wh- 疑問文の一種と考えられますが、疑問文の語順ではなく、助動詞の do も見られません。(8b)では might as well go の組み合わせが標準的な語順ではありません。(8c)では、自動詞の go が他動詞的に使われている点で、規則から逸脱しています。

　このような形式面での不規則性から、表 2 のような構文が認定できます。

表 2　形式的な不規則性から認定される構文の例

構文	形式	意味
HOW COME 構文	How come NP VP	どうして〜したの
MIGHT AS WELL 構文	NP might as well VP	V したほうがよい
BANG GOES 構文	Bang goes NP	NP はめちゃくちゃだ

3.3.2　認定方法 2：意味面の不規則性

　構文を認定する第二の基準は、表現が非構成的な意味を伝達するかどうかです。例えば、イディオムは非構成的であることが明らかであるため構文として記憶されていると認定できます。同様に、一見すると意味的には構成的に見える(9)でも、意味的な非構成性が見られます。

（9）a.　During the game John broke a finger.（試合中にジョンは指を骨折した）

　　　　　　　　　　　　　　　　　　　　　　　　　　　（Hilpert 2014: 16）

　　b.　The result was not much of a surprise.（結果は大した驚きではなかった）

　　　　　　　　　　　　　　　　　　　　　　　　　　　（Hilpert 2014: 16）

　　c.　They have visited not a few places.（彼らはかなり多くの場所を訪問した）

(9a)はジョンが試合で指を骨折したと解釈されます。しかし、finger には不定冠詞 a が使われているため、論理的には骨折したのはジョンの指である必要はありません。しかし、broke a finger では主語のジョンの指が折れたことを表します。(9b)では、not much of a surprise の字義的な解釈は「驚きが多かったわけではない」という意味ですが、実際は「たいした驚きではない」ことを示します。(9c)の not a few places も同様に、規則的には「少なくはない場所（を訪れた）」と解釈されるはずですが、実際には「多くの場所を場所（を訪れた）」と解釈されます。

　ここで、意味的な不規則性を生み出す１つの要因となる、強制の原理(the principle of coercion)を紹介します。ある語彙構文が通常用いられる構文以外の構文と結びつくことを強制と言います。

(10)　If a lexical item is semantically incompatible with its morphosyntactic context, the meaning of the lexical item conforms to the meaning of the structure in which it is embedded. (Michaelis 2004: 25)（もし、語彙項目がその形態統語的な文脈と意味的に矛盾する場合、その語彙項目の意味は、自身が埋め込まれた構造の意味に従う。）

強制によって、語彙の意味は構文の意味に順応するようになります。つまり、構文が語の意味に影響を与えることで、非構成的な意味が創造されます。次の例を見てください。

(11)a.　Just three waters please!（水を３杯だけ下さい）
　　b.　The boy jammed the bread.（その男の子はパンにジャムを塗った）

(11a)では、本来は不可算名詞である water が、意味的に矛盾をする数量詞の three や複数形の語尾 -s と共起しています。その結果、本来は不可算名詞である water が個別化され、容器に入った水であることが示されます。ここでは、［数量詞＋名詞_{複数形}］という形式と「数量詞の数の名詞」という意味からなる構文の名詞の位置に、本来は数えられない不可算名詞が入ることに

よって、水が数えられるものとする解釈が強制され、「容器に入った水」という意味が生み出されます。(11b)の文の意味は、「パンにジャムを塗った」ですが、この解釈は個別の語の足し合わせからは導かれず、例えば、英語の学習者は「パンをジャムにした」と解釈することもありうると思います。しかし、英語には調味料を表す名詞から派生した他動詞を含む他動詞構文が定着しています。これらの場合、butter the bread、pepper the salmon のように、「表面に調味料をかける」という意味が定着しているため、jam the bread は「ジャムをパンに塗る」と、pepper the salmon は「サーモンにこしょうをふる」と解釈されます。

3.3.3　認定方法 3：表現独自の制約

　構文認定の第三の基準は、表現に独自の制約があるかどうかです。これまで見てきた認定方法は形式面の不規則性や意味面の非構成性が見られるものでしたが、第三の基準は、表現のすべてがより一般的な構文から導かれるため見つけるのに訓練が必要です。例えば、The birds were awake. という文はすべての部分が、一般的な構文から予測できます。いくつか構文の例を挙げると、主語の部分の The birds は定名詞句構文の具体事例であり、文全体は He is nice などと同様に、叙述構文の具体事例であることから、一見すると構文的な要素が見られないようにみえます。しかし、この文には他にも構文として認定できる部分が存在します。それは形容詞 awake です。awake は形容詞の限定用法と叙述用法のうち、叙述用法でしか用いられないという、一般的な形容詞には見られない独自の制約があります。同様に、asleep や alive などの a で始まる形容詞(a-形容詞)は叙述用法でしか用いられないという一般的な形容詞とは異なる独自の特徴を持ちます。このような、a-形容詞独自の制約は、個々に学習され、構文ネットワークの一部として蓄えられる必要があります[3]。
　(12)と(13)は、英語の項構造構文に表現独自の制約が見られる例です。

(12) a.　I brought John a glass of wine.(私はジョンにワインを 1 杯持ってきた)
　　 b.　*I brought the desk a glass of wine.　　　　　　(Hilpert 2014: 19)

(13)a.　Hit me a home run.（私にホームランを打って）

　　b.　?Alice hit me a home run.

　　c.　?Hit Sally a home run.　　　　　　　　　　　（Goldberg1995: 36）

（12）が示すように、二重目的語構文には、動詞が物理的な物の移動を表す
字義的な場合は、物の受益者(recipient)は有生であるという独自の制約があ
ります。また、(13a)では hit が二重目的語構文で用いられていますが、表
現独自の制約が見られます。(13b)のように肯定文で使われる場合や、(13c)
のように受益者が名詞の場合、容認可能性が低くなるため、［Hit－目的語－
目的語］という構文には命令文で使われ、受領者が話者自身であるという制
約があると言えます。

　(14)は同族目的語構文と呼ばれる構文です。

(14)a.　John slept a good sleep.（ジョンはよく眠った）

　　b.　John laughed a bitter laugh.（ジョンは苦笑いをした）

　　c.　John lived a happy life.（ジョンは楽しい人生を過ごした）

(14)で用いられている動詞 sleep, laugh, live は一般的には自動詞として知ら
れていますが、他動詞として用いられることもあります。その場合、目的語
には動詞と同型あるいは語源を同じくする名詞句が現れるという独自の制約
が見られます。

　以上のように、ある表現独自の制約はそれ自体を記憶する必要があるた
め、構文的な知識として認定されます。

3.3.4　認定方法 4：表現が共起するコロケーションの選好性

　構文認定の第四の基準は、表現が共起するコロケーションに選好性がある
かどうかです。ある表現全体の構造が形式的にも意味的にも予測が可能であ
り、また、表現独自の制約がない場合であっても、語と語の結びつきが強い
場合、その結びつき自体が構文として知識の中に蓄えていると考えられます。

例えば、動詞不変化詞構文（give up、take off、point out）の2つの下位構文である VPO 型（He put on the glasses など）と VOP 型（He put the glasses on など）は、各構文で用いられる動詞と、様々な程度で結びついています。不変化詞が動詞の直後に現れる VPO 型は(15)に、動詞と不変化詞の間に目的語句が現れる VOP 型は(16)に示されています。

(15)　VPO 型：They carried out an important mission.（彼らは重要な任務を遂行した）

(16)　VOP 型：Can I get my money back?（お金を返してください）

動詞の中には、一方の下位構文と有意に結びつきが強いものが存在します。例えば、Gries and Stefanowitsch（2004）によるコーパス調査では、carry out, find out, point out, set up, take on, build up, take up などは VPO 型で、get back, get out, play back, turn off, ring up, get on, get together などは VOP 型で用いられる傾向が非常に強い動詞であることが示されています[4]。特定の動詞が、2つの類似した意味を持つ構文の中で、一方のみと有意に結びつきが強い場合、［NP carry out NP］や［NP get NP back］のような具体的な構文を知識として蓄えていると考えられます。

では、次の例はどうでしょうか。

(17)　This report is based on the research.（本レポートはその研究に基づいている）

(17)の be based の部分には、文法や意味の非予測性が見られず、また独自の制約もないため、受動構文（passive construction）の具体事例として扱われ、構文とみなされる要因がないように思われます。しかし、［NP be based on NP］のような形式を構文とみなす理由が存在します。それは、この動詞は能動態に比べて、受動態で用いられる傾向が圧倒的に高いということです。Gries and Stefanowitsch（2004）はこのような直感が正しいかどうかを確かめるため、コーパスを用いた定量的な調査を行い、能動態と受動態に対して各

動詞がどの程度結び付きが強いかを調べました。その結果、base, concern, involve, publish, associate, bear, engage などは他の動詞に比べて、受動態との結びつきが有意に高いことを明らかにしました。

このように、ある語と特定の構文の組み合わせの結びつきが著しく高い場合、頻度の偏りから［NP carry out NP］、［NP get NP back］、［NP be based on NP］のような具体性の高い構文が認定できます。つまり、偶然ではありえないほど特定の語と語の結びつきが強い場合、それらの結びつきは構文として知識の中に蓄えられていると考えられるのです[5]。

3.4 頻度の偏り

3.3.4 節では、構文内での語の頻度の偏りが構文を認定する際の手掛かりとなることを見ましたが、構文文法では、このような頻度の偏りは言語に本質的に見られる特徴であると同時に、頻度の偏りがあることによって構文の習得が促進されると考えます。最初に、頻度の偏りが言語習得において重要であることを示す実験を 2 つ見ます。

Goldberg(2006)では、移動を表す自動詞構文、使役移動構文、授与構文（二重目的語構文）という 3 つの主要な項構造構文の獲得に関して調査を行い、これらの構文を獲得する上で、中心となる動詞があることを示しました。概要を記すと、幼児に向けられた発話(child directed speech)の中で、親はこれらの構文を様々な動詞とともに使用しますが、動詞の中には、構文内で著しく高い頻度で現れる動詞があります。例えば、移動を表す自動詞構文の 39 ％に go が、使役移動構文の 38 ％に put が、二重目的語構文の 20 ％に give が使われており、幼児が構文を習得する時点で、各構文内で用いられる動詞の頻度に偏りが見られます。一方、動詞に注目すると give は 14 例中 11 例が授与構文で、put は 114 例中 99 例が使役移動構文で用いられており、give と put については、動詞からみても、特定の構文との結びつきが極めて強いことが明らかになりました。

さらに、Casenhiser and Goldberg(2005)では、英語では通常見られない［主語 - 目的語 - 動詞］のような構文をどの程度獲得できるかを調べるため、

5つの新奇動詞(moopo、vako、suto、keebo、fego)を使った実験を行っています。ここでは、被験者を2つのグループに分け、第一のグループには、主語 - 目的語 - 動詞の語順の中で5つの動詞が均等に出現する文を刺激に与える一方で、もう1つのグループには、5つの動詞のうち、1つの動詞の頻度を高くした刺激を与え、どちらのグループの方が［主語 - 目的語 - 動詞］構文を獲得しやすいかを見ています。

表3　Casenhiser and Goldberg（2005）で用いられた新奇動詞とその頻度

グループ1（均等な刺激）	2 × moopo, 2 × vako, 2 × suto, 1 × keebo, 1 × fego
グループ2（偏った刺激）	4 × moopo, 1 × vako, 1 × suto, 1 × keebo, 1 × fego

調査の結果、刺激となる動詞の頻度に偏りがあるグループ2の方が［主語 - 目的語 - 動詞］という新しい構文を獲得しやすいことが分かりました。この調査は、構文内に現れる要素に頻度の偏りがあり、特定の動詞と強く結びついた方が、多くの動詞が均等に現れるよりも、構文の獲得が早い点を示唆します。

　では、なぜ頻度の偏りが構文の獲得と結びつくのでしょうか。Taylor（2012）では頻度の偏りはカテゴリーにおける手掛かり妥当性(cue validity)と結びつくからとの考えを示しています。手掛かり妥当性とはあるモノがある特性を持っている場合に、そのモノがあるカテゴリーの成員である確率を示す妥当性のことです。別の言い方をすれば、ある性質があるカテゴリーと別のカテゴリーを区別するのにどれくらい妥当かを表す指標です。例えば、くちばしがあるという特性を持つモノや、羽毛があり空を飛ぶ特性を持つモノは高確率で鳥であると言えます。そのため、これらの特性は手掛かり妥当性が高い特性と言えます。一方、目がある、足が二本あるといった特性は、ほかの生物も持っており、鳥と認定する上でほとんど役に立たないため、手掛かり妥当性が低い性質と言えます。

　この手掛かり妥当性は構文とその中に現れる語彙の関係にも当てはまります。ある語が、高確率で特定の構文の中に現れる場合、その語があることによって構文(すなわち、カテゴリー)が喚起されやすくなります。例えば、上で示した、Goldberg(2006)の幼児に向けられた発話の実験において、give と

put は、ほとんど例がそれぞれ二重目的語構文と使役移動構文に現れていたため、これらの動詞を見ると二重目的語構文と使役移動構文が喚起されやすくなるでしょう。一方で、鳥にとっての足があるという特徴や心臓があるという特徴と同様に、I, the, -ed などの要素が二重目的語構文、使役移動構文で頻繁に観察されたとしても、これらの要素は他の構文でも高頻度で使用されるため、二重目的語構文、使役移動構文を認定する手掛かりにはなりません。

手掛かり妥当性と対をなす概念に、あるカテゴリーの成員がある特性を持つ確率を表す、カテゴリー妥当性 (category validity) があります。カテゴリー妥当性は、ある性質がカテゴリー内の成員にどれ位共有されているかを表す妥当性です。例えば、何かが鳥だと分かった後に、それが心臓を持つ確率、飛べる確率、南極に住む確率を考えてみると、1つ目から3つ目に進むにしたがって確率が下がっていきます。構文の場合、カテゴリー妥当性は特定の構文が使用された際に、その構文内に特定の語彙がどの程度出現するかに関係します。例えば、Give me the ball と Push me the ball を比べてみると、give は二重目的語構文内で頻繁に用いられるためカテゴリー妥当性が高い要素である一方で、主に、使役移動構文等で用いられる push は二重目的語構文内に対するカテゴリー妥当性が低い要素と言えます。構文内にカテゴリー妥当性の高い語が現れる場合、その組み合わせは自然に感じる一方で、カテゴリー妥当性の低い語が現れる場合、その組み合わせは不自然に感じ、文の容認可能性が低くなる場合もあるでしょう。

このように、頻度の偏りは構文の習得においても、構文の使用においても観察される本質的な特徴と言えます[6]。逆に、手掛かり妥当性とカテゴリー妥当性が低い要素からなるカテゴリーは、カテゴリーを同定しにくく、カテゴリーの成員に見られる共通性が少ないため有用なカテゴリーとは言えず、言語知識として定着しにくいでしょう。

3.5　まとめ

本章では、構文として蓄えられている知識がどのようなものであるかを認定するための4つの方法を紹介しました。ある表現の形式や意味に不規則

性が見られる場合や、表現に独自の制約が見られる場合、さらに、語と語の結びつきが極めて強い場合、その表現自体や表現を認可する構造は構文として言語知識の一部を構成していると認定することができます。

　従来の構文文法では、不規則性によって認定されるイディオムや項構造構文のような目立つ構文が主な考察対象とされてきましたが、構文のネットワーク全体を見るには、表現独自の制約を持つ構文や、語と語の結びつきの強さによって認定される構文についても見ていく必要があるでしょう。

　また、用法基盤モデルでは、構文の中に現れる要素間の頻度の偏りを、言語知識に見られる本質的な特徴と考えます。つまり、ある語がある構文内に高確率で現れるという手掛かり妥当性が高い場合、その語によってその構文が喚起されやすくなるため、ある語の分布に頻度の偏りがあるほど、その後が高頻度で現れる構文が定着しやすくなります。構文は言語知識として蓄えられるため、他のカテゴリーと同様に、認知的な有用性が高いほど記憶されやすくなるのです。

■　問題

1　構成体と構文の違いはどのようなものか答えよう。また、構成体が構文となるのはどのような場合か考えてみよう。

2　次の文を比較して(1a)と(2a)の文にはどのような不規則性が見られるか考えてみよう。

　（1）a.　The vase was broken by a 10 year old boy.

　　　b.　The boy is 10 years old.

　（2）a.　a six foot tall woman

　　　b.　The woman is six feet tall.

3　構文を認定する4つの基準に注目しながら、次の文にはどのような構文が関与しているか考えてみよう。

　(a)Please keep in touch with me.

　(b)He danced his way out of the room.

　(c)Please accept my condolences.

　(d)How come you didn't invite me to your party?

54

    (e) Three waters, please!

    (f) She fell asleep.

4　強制(coercion)とはどのようなものであるか、例を用いて答えよう。

5　Mark Davis のサイトにある Corpus of Contemporary American English (COCA)を用いて、類義語や反義語などで、どのような頻度の偏りが見られるか検証してみよう。(https://www.english-corpora.org/coca/)

6　手掛かり妥当性とカテゴリー妥当性はどのようなものであるか説明しよう。また、手掛かり妥当性とカテゴリー妥当性が高い要素を持つカテゴリーにはどのようなものがあるか答えよう。

■　読書案内

　構文の認定方法については Hilpert(2014)の 1 章を参照してください。形式や意味の不規則性に関する議論は Fillmore et al.(1988)が参考になります。頻度の偏りやカテゴリー妥当性／手掛かり妥当性については Taylor(2012)の 8 章を見てください。

1　他動詞構文はより抽象的な構文である主従構文(subject predicate construction)の具体事例(instance)にもなります。

2　談話標識(discourse marker)は談話の中で発話と発話をつなぐ短い表現のことであり、接続詞(but, or)、副詞(now, well)や定型句(You know, I mean)などからなります。

3　日本語には、叙述用法のみで用いられる a-形容詞とは反対の特性を持つ連体詞があります。例えば、「大きな」「小さな」のような連体詞は、限定用法のみで用いられるため、「大きなペン」とは言いますが、「ペンが大きな」とは言いません。

4　Gries and Stefanowitsch(2004)では、VPO 型の動詞不変化詞構文では、字義的な意味が薄れ、全体がイディオム的な意味を持つ傾向があるのに対して、VOP 型の動詞不変化詞構文では、前置詞が元々の空間的な意味を保持している傾向が見られる点を明らかにしました。また、二種類の語順は新旧情報、目的語の長さ、目的語の品詞等によっても影響を受けると考えられています。

5　このような結びつきの強さは、一般的に、直感では捉えにくいものであり、コーパス調査や心理実験などを用いて検証されるべきものです。

6　Taylor(2012)は Charles Hocket が提唱した 16 の言語の設計特性に加えて、頻度の偏りも言語の本質的な特徴としています。

第4章　項構造構文1：基本的な考え方

> 【キーワード】項構造と事態構造、結合価、主題役割、ビリヤードボール・モデル
> 【扱う構文】項構造構文、二重目的語構文、結果構文、使役移動構文

　第4章と第5章では、構文文法の初期の頃から中心的な考察対象となっている項構造構文を扱います。「項」とは文の述語(つまり、動詞)が必要とする主語や目的語のような要素のことです。一般的に、項を1つ取る動詞は自動詞、2つ取る動詞は他動詞と呼ばれます。各動詞がいくつの項を取るかは、その動詞が表す事態構造(event structure)における参与者(participant)の数に影響を受けます。例えば、「私がジョンを押した」という事態には「私」と「ジョン」という2つの参与者がいます。この参与者は、I pushed John のように、2つの項となって言語に現れます。

図1　項構造と事態構造

動詞と項構造の関係については対照的な2つの考え方があります。1つ目

は、項構造は動詞が表す事態構造によって決められるという考え方です。この立場では、ある動詞が現れる項構造のパターンと同じ数の事態構造をその動詞が持つと考えます。2つ目は、項構造は、動詞とは独立した構文として存在するという考え方です。この立場では、各動詞はそれぞれいくつかの項構造のパターンと結びついているものの、結果構文や二重目的語構文のような抽象的な項構造構文が、動詞とは独立して存在すると考えます。

　この2つの考え方を、Hilpert(2014)に基づいて、動詞 swim を例にして見ていきましょう。swim は「泳ぐ」という事態を表すため、この事態の中には「泳ぐ人」という参与者がいます。そのため、swim の事態構造を見ると、項が1つになると推測できます。

（1）　He swam in the pool.（彼はプールで泳いだ）
（2）　He swam to the mainland.（彼は本島まで泳いだ）

(1)(2)では、「泳ぐ人」が主語という項となって現れています。「泳ぐ人」は「泳ぐ」という事態の参与者であるため、(1)(2)の主語の he は動詞 swim によって現れる項と言えます。では、(3)(4)はどうでしょうか。

（3）　He swam his son in the pool.（彼は息子をプールで泳がせた）
（4）　He swam his son to the boat.（彼は泳いで息子をボートに連れて行った）

(3)は、主語の彼が目的語である息子を泳がせた事態を表しています。ここでは、主語が「泳ぐ人」ではなく「泳がせる人」であると同時に、泳がされる被行為者(patient)が目的語として登場しています。(4)では、主語が泳ぐことで運ばれる息子が目的語の位置に現れています。(3)(4)のような swim の目的語は動詞が持つ項と言えるのでしょうか。1つ目の項構造は動詞が内在的に持つ特性と考える立場では、これらの目的語は動詞 swim が内在的に持つ項とされます。つまり、動詞 swim は「誰かが泳ぐ事態」、「誰かが誰かを泳がせる事態」、「誰かが泳いで誰かをどこかにつれていく事態」という3つの異なる事態と結びついていることになります。

では、次の例はどうでしょうか。

（5）　He swam himself tired.（彼は泳いで疲れた）
（6）　He swam his way into the history books.（彼は水泳によって歴史に名を
　　　刻んだ）

（5）は「泳ぐことで（自分が）疲れてしまった」という主語の結果状態を表す
文です。また、（6）は「泳ぐことによって、道を切り開き、歴史の本にまで
到達した」という、主語が比喩的に移動する事態を表します。（5）の「疲れ
てしまった」という結果状態や、（6）の「泳ぐことで歴史に名を刻んだ」こ
とは、はたして swim の事態構造が内在的に持つ参与者といえるのでしょう
か。泳いだ結果として疲れることはあるものの、疲れたという結果状態は必
ずしも、「泳ぐ」行為の事態構造の中に含まれるものではありません。ま
た、（6）の「泳ぐことで（人生の）道を切り開き進む」という意味まで「泳ぐ」
という事態の中に入っていると考えると、動詞の意味として無数の意味を設
定しなければならなくなります。
　（5）や（6）のような、複雑な例を見ると、動詞が現れる文のパターンのす
べてが、動詞が内在的に持つ性質と考えるより、動詞とは独立した「結果構
文」や「way 構文」のような項構造構文が存在して、その中に動詞が現れる
と考える方が理にかなっているように思えます。
　第4章では、項構造レベルの構文が持つ特性について論じていきます。
最初に、4.1 節で、項構造は動詞が持つ内在的な性質であると考える従来の
捉え方を見ていきます。項構造を結合価（valency）と主題役割（thematic role）
の観点から見ていくことで、動詞が持つ項構造の特徴が分類できます。4.2
節では、言語の創造的な使い方に注目することで、項構造を動詞とは独立し
た抽象的な構文とみなす必要性を見ていきます。4.3 節では、項構造構文で
も、動詞が表す事態よりも文全体が表す事態の方が複雑となる、項を増やす
タイプの構文を紹介します。項を増やす構文は、動詞が表す事態に比べて文
全体が表す事態が複雑になるため、構文の存在が捉えやすいです。4.4 節で
は、項構造構文の意味的な基盤となるビリヤードボール・モデルについて見

ていきます。

4.1　動詞と項構造構文

　最初に、項は動詞が持つ性質と考える、伝統的な項構造に対する考え方を見ていきます。この考え方では、各動詞はいくつの項と結びつくかが決まっているとみなします。動詞は基本的に 1 つから 3 つの項と結びつき、動詞と結びつく項の数は結合価(valence)と呼ばれます。

(7)a.　John ran in the park.　　　　　（結合価＝ 1）

　　b.　John drank a coffee.　　　　　（結合価＝ 2）

　　c.　John gave me a pen.　　　　　（結合価＝ 3）

　　d.　John put the book on the desk.　（結合価＝ 3）

(7)では、下線が引かれた部分が項です。(7a)のように 1 つの項と結びついた動詞を自動詞(intransitive)、(7b)のように 2 つの項と結びついた動詞を他動詞(transitive)、(7c)のように 3 つの項と結びついた動詞を二重他動詞(ditransitive)と呼びます。また、項は必ずしも名詞句である必要はなく、(7d)のように、一部が前置詞句となることもあります。一般的に、put では、場所を表す前置詞句が現れないと非文法的になると言われます。結合価は動詞が内在的に持つ性質であり、動詞ごとに異なります[1]。また、(7)の各例が示唆するように、動詞の項構造は動詞が表す事態構造に影響を受けます。例えば、run は「誰かが走る」という参与者が 1 つの事態を、drink は「誰かが何かを飲む」という参与者が 2 つの事態を表すため、それぞれ、おもに自動詞と他動詞として使われます。

　各動詞が表す事態構造やその中に現れる参与者はそれぞれ異なりますが、抽象化することで共通点を見つけることができます。例えば、drink, eat, swallow が表す事態はそれぞれ異なる一方で、「なんらかの飲食を行う」という共通点があります。また、その事態の参与者にも「飲食を行う人」と「消費される対象」という共通点があります。飲食関連の動詞がさらに抽象

化されると他の動詞ともまとまります。例えば、飲食関連の動詞と hit, paint などの他の他動詞との間には、「行為者の行為が被行為者に何らかの影響を与える」事態を表すという共通点が見られます。さらにその参与者は行為を行う「行為者」と、行為の影響を受ける「被行為者」からなるという点も共通しています。「行為者」や「被行為者」のような、一般的な事態における項の意味のタイプは主題役割（意味役割）と呼ばれ、動詞の特性を記述する際に用いられます。例えば、(7) の文は主題役割を用いることで、(8) の矢印の右側のような形式化ができます。

(8) a. John ran in the park. $\longrightarrow$ run(行為者)

   b. John drank a coffee. $\longrightarrow$ drink(行為者、被行為者)

   c. John gave me a pen. $\longrightarrow$ give(行為者、受益者、主題)

   d. John put the book on the desk. $\longrightarrow$ put(行為者、主題、場所)

(8) の形式化における括弧の中の要素は主題役割を表します。また、その中の下線部が引かれた主題役割は主語を表します。各動詞と結びついた主題役割の数が結合価となります。様々な動詞の項の意味から抽象化された主題役割には、他にも、以下のような役割が仮定できます。

表 1　主題役割（Saeed 1997: 152-158）

主題役割	定義	例文（下線部が該当の役割）
行為者	意志を持ち行為を行うもの	<u>John</u> cooked a meal. <u>He</u> went there
被行為者	行為の影響を受けるもの	She broke <u>the toy</u>. <u>The ice</u> melted.
主題	行為の結果移動するもの 存在場所が記述されるもの	She threw <u>the ball</u> to Mary. <u>The book</u> is in my room.
経験者	行為や状況を認識するもの	<u>I</u> felt sick. <u>He</u> is so excited.
受益者	行為による利益を受けるもの	He sent <u>me</u> a letter. He bought it for <u>her</u>.
道具	行為を行うための手段	He opened the door with <u>the key</u>. <u>The key</u> opened the door.
場所	何かが存在する場所	It is located <u>under the bed</u>. The band played <u>in the garden</u>.

着点	存在物が向かう場所	Please pass it <u>to me</u>. He told jokes <u>to her</u>.
起点	存在物が出発する場所	He came <u>from Japan</u>. The tool is made <u>from iron</u>.
刺激	影響を引き起こすもの	I like <u>the cold weather</u>. He surprised me

ここで注意が必要なのは、いくつの項と結びつき、その項がどのような主題役割を表すかは動詞ごとに指定されると考えられている点です。これまでに、主題役割と結合価は一体となって、動詞が持つ項構造や事態構造の記述に用いられてきました(Fillmore 1968)。

4.2 構文と創造性

文の中に現れる項の数は、動詞が表す事態構造と無関係ではないため、項構造は、動詞が内在的に持つ特性と考える伝統的な考え方は一見すると妥当なように思われます。しかし、動詞が現れる文のパターンは、事態構造からは完全には予測できないこともあります。例えば、(9)の例はどうでしょうか。

（9） He sneezed the napkin off the table.（彼はくしゃみをしてナプキンをテーブルから吹き飛ばした）　　　　　　　　　　　　（Goldberg 1995: 9）

一般的に、sneeze は「くしゃみをする」をするという生理的な行為を表すため、参与者はくしゃみをする人だけであり、項の数も 1 つになると考えられます(e.g. He sneezed a lot)。しかし、(9)の文全体は、「くしゃみをすることでナプキンがテーブルから吹き飛ばされる」事態を表しており、くしゃみをするという生理現象には直接含まれない、くしゃみによって飛ばされた the napkin や、ナプキンが飛ばされる前に置いてあった場所である off the table も項として現れています。そのため、(9)では、動詞が表す事態構造からは予測できない項構造のパターンが現れており、動詞が創造的に使用されていると言えます。

動詞の創造的な使用は、日常での言語使用において頻繁に見られます。

（10）　John broke an egg <u>into the bowl</u>.（ジョンは卵をボールに割り入れた）

（11）　He drew me <u>a picture</u>.（彼は私に絵を描いてくれた）（Goldberg 1995: 9）

（12）　Dan talked himself <u>blue in the face</u>.（ダンはしゃべって顔が青ざめた）

(Goldberg 1995: 9)

break は行為者（壊す人）と被行為者（壊される対象）の 2 つの参与者を持つ動詞ですが、（10）の文では被行為者が移動する目的地を表す項（into the bowl）が現れています。この場合、an egg は break によって影響を受ける被行為者であると同時に、行為の結果として移動を行う主題にもなっています。（11）で用いられている動詞 draw（描く）は、典型的には行為者（描く人）と被行為者（描かれる対象）を表す 2 つの項と結びついています。しかし、（11）では、絵を受け取る受益者が項として現れています。（12）の talk は「X が Y に話す」のような 2 つの参与者が関係する事態を表しますが、文法的には Dan talked to her のように自動詞であり、1 つの項を持ちます。しかし、（12）では、talk がいわゆる第五文型で用いられ、動詞の後に、被行為者を表す直接目的語と、その結果状態を表す形容詞が続いています。

　（9)-(12）では、動詞が表す事態構造よりも複雑な事態を文全体が表しています。つまり、各文には各動詞が持っていると考えられる通常の結合価よりも多くの項が現れています。構文文法では、このような動詞の創造的な使用は、動詞が、動詞とは独立して存在をする項構造構文の中で用いられることで可能となると考えます。例えば、（9）（10）では使役移動構文（主語 - 動詞 - 目的語 - 前置詞句）、（11）では二重目的語構文（主語 - 動詞 - 目的語 - 目的語）、（12）では結果構文（主語 - 動詞 - 目的語 - 結果述語）の中で各動詞が使われることで文が認可されると考えます。

　一方、動詞の典型的な使用から創造的な使用までのすべての用法を動詞が内在的に持つ性質と考える場合、私たちは各動詞が現れる多種多様な文法的なパターンをすべて記憶していることになります。そのため、（13）のような多様な文法的なパターンはすべて動詞が持つ特性であると考える必要が出てきます。

(13) a. Pat kicked the wall.(パットは壁を蹴った)

b. Pat kicked Bob black and blue.(パットはボブを蹴ってあざだらけにした)

c. Pat kicked the football into the stadium.(パットはフットボールをスタジアムに蹴り入れた)

d. Pat kicked at the football.(パットはフットボールめがけて蹴った)

e. Pat kicked his foot against the chair.(パットは椅子で足を強打した)

f. Pat kicked Bob the football.(パットはフットボールをボブに蹴った)

g. The horse kicks.(その馬は蹴る癖がある)

h. Pat kicked his way out of the operating room.(パットは蹴散らしながら手術室を出た)　　　　　　　　　　　　　　　　　　(Goldberg 1995: 11)

　もしすべての項構造が動詞の内在的な性質と考えると、動詞 kick は少なくとも8つの事態構造や項構造と結びついており、それらのパターンを言語の話者はすべて記憶していると考える必要が出てきます。同様に、すべての動詞に関して、様々な文型パターンと結びついていると仮定しなければならなくなり、言語を使用するために話者が記憶しなければならない情報が非常に多くなってしまいます。一方、動詞とは独立して、二重目的語構文、結果構文、way 構文のような抽象的な構文に関する知識を蓄えていると考えると、動詞の創造的な使用については、各動詞が典型的に結びついた項構造とは異なる項構造構文の中で現れるとみなすことで、説明が可能となります。

　しかし、ここで、各動詞はどのような場合に特定の項構造構文内に出現することが認可されるかという問題が出てきます。この問題に対して、Goldberg(1995: 50)では、動詞が表す事態と構文が表す事態に矛盾が生じてはいけないという、意味的結束性原理(semantic coherence principle)を提唱しています。

(14)　意味的に一致する(主題)役割だけが融合できる。r_1 と r_2 という2つの役割が意味的に一致するのは、r_1 が r_2 の具体例としてあるいは r_2 が r_1 の具体例として解釈される場合のみである。(Only roles which are semantically compatible can be fused. Two roles r$_1$ and r$_2$ are semantically compatible if either r$_1$ can be construed as an instance of r$_2$ or r$_2$ can be construed as an instance of r$_1$.)

(14)の意味的結束性原理は、動詞が表す項と項構造構文の項の主題役割が一致する時のみ、項構造構文はその中で動詞が用いられることを認可することを予測します。例えば、結果構文について考えてみると、(13b)のように、kick が結果構文に現れるのは、kick の主語と目的語の主題役割が行為者と被行為者であるため、He kicked it into pieces のような結果構文の項の主題役割と一致するからと言えます。一方、hear や sink のような動詞は、*John heard his ears deaf with loud heavy metal や*John sank himself drowned. のように結果構文での使用が文法的に容認されません（Hilpert 2014: 30）。結果構文の主語は行為者ですが、hear の主語は経験者であり、sink の主語は主題であることから、動詞と項構造構文の主語の主題役割が一致しないため文が認可されないと考えられます。

　意味的結束性原理はある動詞がどのような構文に現れるかを説明するための1つの原理であり、多くの構文と動詞の関係に適用できます。しかし、意味的結束性原理だけでは、特に類義的な動詞間でなぜ文としての容認度に差が出るのかという問題について十分に説明することはできません。例えば、類義語の tell と say は主題役割を共有していますが、二重目的語構文で用いられるのは tell だけです。そのため、両者の間になぜ容認可能性の差が出るのか、つまり、say が二重目的語構文で使われるという過剰一般化（*He said me the story）がなぜなされないのかという問題に対して説明を行う必要が出てきます[2]。過剰一般化は、どのような言語理論でも問題になる点ですが、本書でも、具体レベルの構文を扱う 5.4 節や、言語獲得を扱う 11.4 節で触れていきます。

4.3　項を増やす構文

　では実際に、代表的な項構造構文について見ていきます。4.3 節では、項

64

構造構文の中でも、文に現れる項の数が、動詞が内在的に持つ結合価よりも多くなる構文について見ていきます。この場合、文全体が表す事態は、動詞が表す事態よりも複雑となり、増えた項は構文によって認可されると考えられます。

4.3.1　二重目的語構文

　最初に、二重目的語構文(The double object constructions)を見ます。二重目的語構文は 3 つの項を取る構文であり、典型的には、主語が行った行為によって目的語に物が渡される事態を表します。二重目的語構文は(15)のような形式と意味の対として定義できます。(15)の左側が形式で右側が意味です。

(15)　二重目的語構文
　　　[X V Y Z]－X CAUSES Y TO RECIEVE Z[3]

二重目的語構文の各項は異なる主題役割と結びついており、主語(X)には動詞(V)が表す行為を行う行為者が、直接目的語(Z)には動詞によって移動する主題が、間接目的語(Y)には主題を受け取る受益者が現れます。

(16)a.　John gave me a nice present.（ジョンは私に素敵な贈り物をくれた）

　　b.　John threw me the ball.（ジョンは私にボールを投げた）

　　c.　John bought me a flower.（ジョンは私に花を買ってくれた）

　　d.　John cooked me lunch.（ジョンは私にお昼ごはんを作ってくれた）

　　e.　John painted me a poster.（ジョンは私にポスターを描いてくれた）

(16)のすべての例は、行為者(John)が意図的に主題を移動させて受益者(me)が受け取った事態を表します。(16a)の give は二重目的語構文内に現れる最も典型的な動詞です。「与える」という行為の結果、私がプレゼントの所有者となります。(16b)や(16c)も同様に、行為者による「投げる」「買う」と

いう行為の結果、被行為者の私が対象の所有者となります。対照的に、「投げる」「買う」のような行為を他動詞文で表す John threw the ball to me や John bought a flower for me の場合、ジョンがボールを投げたり花を買ったりしても、私がボールや花を実際に受け取ったかどうかまでは表していません。

give, send, buy のような動詞は二重目的語構文で頻繁に使用される動詞です。一方で、(16d)や(16e)の cook や paint は、「作る人と作られる対象」や「描く人と描かれる対象」のように参与者が2つの事態を表す動詞であり、二重目的語構文での使用も言語コーパスではほとんど見つかりません。しかし、(16d)や(16e)は問題なく容認されます。構文文法では、cook や paint の(16d)や(16e)のような使用は、動詞の項構造とは独立して存在する、(15)のような二重目的語構文によって認可されると考えます。また、(16d)でも(16e)でも、ジョンが行った行為による恩恵を私が受けていますが、このような恩恵は、(15)で示された二重目的語構文が持つ意味からもたらされると考えます。一方、仮に、動詞から独立した二重目的語構文という単位を用いずに(16d)や(16e)のような用法がなぜ可能かを説明するには、動詞 cook には「欲しがっている人に対して料理を作る目的で食物を調理する」という、動詞 paint には「何かを塗装してそれを人にあげる」という複合的な意味があると仮定する必要があります。

二重目的語構文は対象の譲渡を表しますが、どのようなタイプの譲渡でも表せるわけではなく、表される事態には2つの制約が見られます。1つ目は、主語が行為者であり意図的な行為を行うことです。そのため、Bill threw the umpire the ball は「ビルが一塁手にボールを投げようとしたが結果的に審判に暴投をしてしまった」事態を表す場合には意味的におかしくなります。2つ目は、目的語である受益者が対象を受け取ることです。例えば、Hilpert(2014: 33)では、I threw John a blanket や I gave John a new key のような表現は問題なく認可される一方で、?John gave the house new windows や ?Bill threw the coma victim a blanket のような、受益者が無生物である場合や、有生物であっても意志を持たない場合は、文の容認可能性が低くなる点を示しています。また、典型的な二重目的語構文の受益者は行為の結果として利益を得る、あるいは譲渡物を喜んで受け取る必要があるとの制約も見

られます。そのため、We threw the dog a piece of meat には、犬は喜んで肉片を受け取ったニュアンスがあります。

　二重目的語構文は典型的には物理的な物の譲渡を表しますが、物の譲渡が比喩的に拡張して原因と結果を表すようになった用法が慣習化しています。

(17)a.　Jack gave the student a zero on the exam.（ジャックはその学生に試験で零点を与えた）

　　b.　Jack gave me a headache.（ジャックは私に頭痛を与えた）

(17)では、譲渡される対象が物理的なものではなく、試験の零点や頭痛になっています。ここでは、何らかの原因によって引き起こされる変化が、行為者からの物の譲渡に見立てられており、因果関係を「譲渡」に見立てるというメタファー(the causal-events-as transfers metaphor)が関わっています。

　次の例でも、概念メタファーが二重目的語構文の認可に関わっており、コミュニケーションのやり取りのような抽象的な事態が物の譲渡に見立てられています。

(18)a.　She told Jo a fairy tale.（彼女はジョーにおとぎ話をした）

　　b.　She wired Jo a message.（彼女はジョーにメッセージを送った）

(19)a.　She blew him a kiss.（彼女は彼に投げキスをした）

　　b.　She gave him a wink.（彼女は彼にウインクをした）

(Goldberg 1995: 149)

(18)では、言葉によるコミュニケーションが、話者と聞き手によるメッセージの授受に見立てられています(i.e. 導管のメタファー)[4]。(19)では、誰かに向けられた投げキスやウインクのような行為が譲渡される対象とみなされています[5]。

4.3.2　結果構文と使役移動構文

　二重目的語構文と同様に、結果構文や使役移動構文も、構文によって動詞が持つ結合価が増える構文です。結果構文は主語の行為によって目的語の状態が変化する事態を、使役移動構文は主語の行為によって目的語が移動する事態を表します。

　最初に、結果構文を見ます。結果構文は、主語が行った行為の結果、目的語の状態が変化する事態を表します。結果構文は以下のように規定できます。

(20)　[X V Y RP]–'X causes Y to become Z'

(20)の RP(resultative predicates)は結果述語の略であり、主語の行為によって目的語(Y)に生じた状態変化を表します。結果述語にはおもに、(21a)のような形容詞と(21b)のような前置詞句があります。

(21)a.　John hammered the metal flat.(ジョンは金づちで金属を平らにした)
　　b.　He broke the vase into pieces.(彼は花瓶を粉々に壊した)

動詞 hammer が典型的に表すのは「誰かが何かを金づちで打つ」という参与者が 2 つの事態ですが、(21a)では金づちを打った結果、金属が「平らになる」という結果状態が記されています。また、動詞 break が典型的に表すのは「誰かが何かを壊す」という事態ですが、(21b)では、「粉々になった」という壊された花瓶の結果状態も描写されています。

　Washio(1997)では、結果構文には、動詞が表す事態から目的語の状態変化が予測できるような「弱い結果構文」と、状態変化が予測できないような「強い結果構文」が存在すると述べています。動詞が表す事態から目的語の状態変化が予測できるかできないかという点は、動詞が表す事態構造と結果構文が表す事態構造の複雑性の違いに関連します。(22)は弱い結果構文の、(23)は強い結果構文の例です。

(22) a. He broke the glass into pieces.(彼はグラスを粉々に割った)

　　 b. He painted the wall red.(彼は壁を赤く塗った)

(23) a. He shot the lion dead.(彼はそのライオンを撃ち殺した)

　　 b. He shouted himself hoarse.(彼は声がガラガラになるまで叫んだ)

　(22)のように、「壊す」行為や「塗る」行為の中には、行為によって被行為者に生じる結果状態が含まれるため、文全体が表す事態構造動詞が表す事態では複雑さが変わりません。この場合、結果述語(RP)は動詞が表す結果状態をより詳しく描写していると言えます。一方、(23)のように、「銃を撃つ」行為や「叫ぶ」行為の場合、銃を打っても死なないことや、叫びながらはしゃいでいても、声がガラガラにはならないこともあるため、結果述語によって表される被行為者の結果状態は、動詞が表す事態に含まれているわけではありません。そのため、(23)の場合、結果状態が構文によって追加されたという点で、動詞が表す事態よりも、文全体の方が複雑な事態を表していると言えます。構文文法では、このような「強い結果構文」は結果構文という項構造構文によって認可されると考えます。

　次に、Hilpert(2014)の議論を参考に使役移動構文を見ていきます。使役移動構文は、使役者(X)によって被使役者(Y)が出発地(Z)から、あるいは目的地(Z)まで移動させられる事態を表します。使役移動構文は(24)のように規定できます。

(24)　[X V Y prep Z]–'X causes Y to move from/to Z'

使役移動構文では、使役者が主語に、移動をする被使役者が目的語に、移動の起点・経路・着点が前置詞句位置に現れます。使役移動構文は、He moved his dog into the garage. のような移動動詞だけではなく、(25)のような移動を表さない動詞とも共起します。

(25) a. The audience laughed Bob off the stage.(観客は嘲笑ってボブをステージから追いやった)

b. John chopped carrots into the salad.（ジョンはニンジンをボールに切り刻んだ）

c. The man threatened the hostages into the room.（その男は脅かして人質を部屋に入れた）

(25)の laugh, chop, threaten の動詞が表す事態の中には、被行為者の移動は含まれませんが、文全体では、「笑う」「切る」「脅す」という行為を行った結果、行為を受けた被行為者が移動をしています。そのため、この移動の意味は、各動詞ではなく、(24)の使役移動構文によって認可されると考えられます。

　一方、使役移動構文は、物を動かす行為であればどのような事態でも表せるわけではなく、構文内に現れる要素は制約を受けます。

(26)a. *The audience laughed Bob home.（観客は嘲笑ってボブを家へと追いやった）

b. *John chopped carrots onto the floor.（ジョンはニンジンを床へと切り刻んだ）

c. *The gun threatened the hostages into the room.（その銃は脅かして人質を部屋に入れた）

(26)を(25)と対比すると使役移動構文における3つの制約が分かります。1つ目の制約は、動詞が表す行為によって被使役者の移動はすべて決定される必要があるという、移動経路に関わるものです。(26a)では、観客に笑われることで Bob が家に帰っていますが、家まで帰るには Bob の意志も大いに反映されているため非文となります。2つ目の制約は、使役者は意図的に行為全体を行わなければならないという、使役者の意志に関わるものです。(26b)が表す「床にニンジンを切って落とす」事態は通常は意図的な行為とは考えられないので、非文となります。3つ目の制約は、主語の主題役割は行為者である必要があるというものです。(26c)では道具が主語であるため非文となります[6]。

4.4 事態を言語化する

　これまでに、動詞が内在的に表すと考えられる事態よりも、文全体が表す事態の方が複雑な例を見てきましたが、そもそもなぜ、話者は1つの文で、動詞が本来持っている事態構造よりも複雑な事態を表そうとするのでしょうか。この点については、言語によって表される事態は現実世界において単独で起こることは少なく、より大きな因果関係の中で起こるからと考えられます。連続する事態の中の焦点が当たった一部が言語化されますが、焦点が当たった部分と動詞が表す事態の不一致は頻繁に生じます。

4.4.1 ビリヤードボール・モデル

　一般的に、現実世界で私たちが経験する出来事は、それ自体が単独で起こるわけでなく、前後の事態と関係しています。例えば、卵焼きを作る場合を考えてみましょう。まず、卵を冷蔵庫から取り出して、ボールの中に割って入れて、箸を使ってかき混ぜて、フライパンをコンロに載せて、コンロに火をつけて、コンロでフライパンを熱して、卵をフライパンに入れて……と1つの段階から別の段階へと続いていきます。このような事態を認識する際、私たちは全体の出来事(つまり、卵や意を作る全工程)をそのまま知覚するのではなく、目立つ参与者(ここでは、料理人、卵、冷蔵庫など)とそれに関係する行為や事態を中心にして事態全体を捉えようとします。参与者の中には、動いたり、他の参与者に働きかけたりするものがあります。

　このような日常生活の中で起こる事態の因果関係をビリヤードの玉つきに見立てたモデルがビリヤードボール・モデルです(Langacker 1991: ch. 9)。ビリヤードボール・モデルは事態の参与者間に生じるエネルギーの移動をビリヤードにおける玉から玉へのエネルギーの伝播に見立てます。最初の参与者が持っていたエネルギーは、次々に他の参与者へと伝わっていくものとして捉えられます。

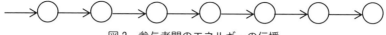

図 2　参与者間のエネルギーの伝播

図 2 は、ある動詞が表す事態が参与者を 2 つ取るようなものであっても、より大きなつながりの中に埋め込まれると、それ以外の参与者とも関連することを示唆します。例えば、「監督が選手にボールを蹴るように指示をして、その結果、選手がボールを足で蹴って、そのボールがゴールネットを突き破り観客席の観客の頭に当たり、観客がけがをした」という事態について考えてみましょう。この場合、kick が表す「選手がボールを蹴る」という事態は、この全体の一部となります。人間はこのような連続する事態の中で目立つ部分に注目しながら、言語化します。図 3 は、行為の連鎖の一部が焦点化された状態を表しています。焦点化された部分を言語化すると、The coach made John kick the ball や John kicked the ball into the goal のような文になります。

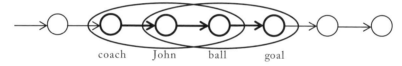

図 3　ビリヤードボール・モデルにおける際立ち

図 3 の楕円は事態の中で注意が向いている部分です。言語化する際には、事態の一部が参与者とエネルギーの移動に注目され切り取られます。図 3 が示唆するように、動詞が表す事態は一連のエネルギーの移動の一部であるため、その前後にはその他の参与者やエネルギーの流れが存在します。

　ビリヤードボール・モデルについて注意が必要なのは、世界の中には際立つ部分とそうではない部分があることです。話者はビリヤードボール・モデルの参与者を客観的に存在する順に言語化するわけではなくその中で目立つ部分を抜き取り目立たない部分を無視しながら言語化します。一例を挙げると日本語の使役介在構文では、行為者であっても際立ちが低いため、背景化されます (澤田 2008)。

(27) a. 太郎は髪を切った。

b. 私は {顔写真 / 証明写真} を撮った。

c. 私は自転車屋に行って自転車を直した。

(27)の各例において、主語は動詞が表す事態の行為者ではなく、行為者に依頼をする人です。つまり、髪を切ったのは美容師、写真を撮ったのは写真屋、自転車を直したのは自転車屋です。(27)の各文が表す事態には、依頼者、行為者、被行為者のような参与者が関わっていますが、その中でも行為者は背景化され言語化されません。さらに、エネルギーの移動の観点から考えると、(27)の各例の行為者は、はさみ、カメラ、工具などの道具を用いて行為を行いますが、これらの道具を表す参与者も背景化されて言語化されません。

英語にも同様の文が見られます。例えば、President Trump Bombed Syria という文において、トランプ大統領は実際に飛行機に乗って爆撃をしたわけではなく、最高責任者として指令を出しています。実際に爆撃を行ったパイロットは背景化されて、言語には現れていません。

4.4.2 典型的な事態と構文

構文と事態に関して、もう1つ重要な点は、ビリヤードボール・モデルが表す事態の連鎖の中には、日常生活の中で頻繁に起こり、人間が社会的な活動をするうえで極めて重要な連鎖があることです。Goldberg(1995)では、私たちの日常生活において繰り返し起こる経験は、多くの言語において、概念的な原型(conceptual archetypes; Langacker 1991)となると述べています。例えば、英語には二重目的語構文がありますが、これは、譲渡、送付、提案、指導などの日常生活の中で頻繁に起こる基本的な相互行為を表しています。また、使役移動構文は、「物をどこかに移動させる」のような基本的な相互行為を表しています。

Goldberg(1995: 39)は、文法は現実世界を反映するという考え方に基づいて、各言語における基本的な文型は人間の経験において繰り返し起こる基本

的な事態を言語化するという場面記号化仮説(Scene-encoding hypothesis)を提唱しています。

(28)　場面記号化仮説：基本的な文型に相当する構文は、中心的な意味として、人間の経験にとって基本的な事態の型を記号化する(Scene-encoding hypothesis: Constructions which correspond to basic sentence types encode as their central senses event types that are basic to human experience.)

場面記号化仮説は多くの言語において、「行為を行う」「状態変化を引き起こす」、「物を移動させる」、「経路に沿って移動する」、「物を渡す」というような基本的な事態を表す典型的な文型が存在することを予測します。英語ではこれらの事態は、他動詞構文、結果構文、使役移動構文、移動構文、二重目的語構文によって表されます。同様に、Du Bois(1985: 363)は、Grammars code best what speakers do most と述べ、文法とは最も話者がする行為を最良の方法で記号化したものであると述べています。「行為」「移動」「所有」「譲渡」のような人間が普遍的に経験すると考えられる基本的な経験のパターンがどのような形で、各言語の基本的な文法や語彙によって表されるかは類型的論な構文研究における主要な関心事となっています。

■　問題
1　項構造とはどのようなものであるか答えよう。また項構造に関する対照的な 2 つの捉え方を記してみよう。
2　動詞が内在的に持つと思われる項よりも文全体の項の数が多い例を挙げてみよう。
3　次の文を見て動詞と項構造の関係について考えてみよう。
　(a) He ran in the park.
　(b) He ran the dog in the park.
　(c) He ran his way to first in the 1600 meter run.
4　次の文がなぜ認可されないのか考えてみよう。

(a)＊Alice sent NY a letter.

(b)＊Alice burned Joe some rice.

5　場面記号化仮説とはどのようなものか答えよう。また、この仮説によれ
ば、二重目的語構文、結果構文、使役移動構文等の典型的な項構造構文
はどのような経験と関わっているか考えてみよう。

■　読書案内

　動詞中心項構造の捉え方については、Levin(1993)、影山(2001)、Jackendoff(2002)を参照してください。構文文法による項構造構文の解説には Goldberg(1995)があります。個別の構文に興味がある場合は、澤田(2012)小野(2007)（結果構文）、松本(1997)（使役移動構文）などを参照してください。

1　本書では、動詞の結合価を扱っていますが、結合価は形容詞(I'm sure that you will like it の sure)や名詞(the fact that you like it の fact)にもみられます。

2　他にも、有名な使役移動構文の例である She sneezed the napkin off the table も意味的結束性原理が適用できない例です。sneeze(くしゃみをする)は生理現象を表す動詞であるため主語の意味役割は経験者ですが、使役移動構文には経験者を表す項が見られないため、意味的結束性原理が適用されていません。

3　構文を定義する際の X, Y, Z は名詞句を、V は動詞を表します。

4　導管のメタファーについては 6.3 節を参照してください。

5　二重目的語構文の詳しい議論については、Goldberg(1995: ch. 6)を参照してください。

6　構文文法では、使役移動構文と結果構文は、形式的にも意味的にも類似した特徴を持つため、両者は構文のネットワーク内でメタファーリンクを介して関連していると考えます(7 章を参照)。

第5章　項構造構文2：応用と関連現象

> 【キーワード】構文交替、表層形による一般化、類像性、具体レベルの構文
> 【扱う構文】受動構文、命令構文、補文節構文

　第5章では、第4章に引き続き、項構造構文について見ていきます。第4章では、二重目的語構文、使役移動構文、結果構文のような項構造構文によって、動詞が本来表すと考えられる事態よりも、文全体が表す事態の方が複雑になる現象を見ていきました。例えば、動詞 sing が表す「歌う」という事態の参与者は、歌う人と歌われる対象の2つですが、日常生活の中で連続して起こる事態の一部が切り取られることで、He sang me a beautiful song（彼は私に美しい歌を歌った）や、I sang my baby to sleep（私が歌を歌って赤ちゃんは眠りについた）のような複合的な事態を表すようになります。構文文法では、これらの例では、二重目的語構文や語彙的使役構文のような項構造構文によって、sing が内在的に表す事態よりも複雑な事態を表す文が認可されていると考えます。

　第5章では、5.1節で、「項を減らす構文」について見ていきます。項構造構文の中には、受動構文(passive construction)や命令構文(imperative construction)のように、動詞が内在的に持つと考えられる項より、文全体で発話される項の数が少なくなる構文もあります。5.2節では、ある動詞が複数の意味的に関連する構文のパターンで現れる構文交替(syntactic alternation)と呼ばれる現象について見ていきます。構文文法では、関連する意味を持つ複数の構文であっても、それぞれが異なる形式と意味を持つ独立した構文であると考えます。5.3節では、類像性の観点から、構文間に見ら

れる意味的な類似性と相違性を見ていきます[1]。5.4 節では、言語の話者が持つ構文に関する知識は想定されているよりもずっと具体的であると考える2 つのアプローチについて見ていくことで、言語の話者はどの程度抽象的な項構造構文を知識として蓄えているのかという根本的な問いについて考えていきます。

5.1　項を減らす構文

これまでに、4.3 節で、項構造構文の例として、「項を増やす構文」を見ました。項を増やす構文は、動詞が典型的に表す事態よりも文全体が複雑な事態を表し、動詞が本来もつ項よりも文全体の項の数が多くなるため、項構造構文の働きが分かりやすいものです。そのため、これまでの項構造構文の研究では項を増やす構文が主に注目されてきました。一方、項の増減で考えると、項を増やす構文と同様に、項を減らす構文も存在します。例えば、項を減らす構文には、Bob shaves every morning(ボブは毎朝ひげを剃る)のように、目的語として現れる再帰代名詞となる項(この場合は himself)が現れない再帰構文(reflexive construction)や、Let's meet in NY(ニューヨークで会いましょう)のように、目的語として現れる相互関係を表す項(この場合はeach other)が現れない相互構文(reciprocal construction)があります。

他にも、項を減らす構文には、従来は態(voice)や法(mood)のような文法的な要素の一種とされてきた、受動態や命令法の文も含めることができます。構文文法では、受動態や命令法についても形式と意味の対からなる構文の観点から捉えようとします。

5.1.1　受動構文

最初に受動構文について見ていきます。文法書でも伝統的な言語学でも、受動態の文は能動態の文から派生(derivation)するものとして捉えられることが多いです[2]。読者の皆さんは、(1)のような書き換えを学校で習ったことがあるかもしれませんが、受動態の文は、他動詞の能動態の文の主語(行

為者）と目的語（被行為者）が入れ替わり、コピュラ動詞の be（あるいは get）
と、動詞の過去分詞が用いられることで出来あがるとされます。

（ 1 ）　A police grabbed the thief.　　　　他動詞の文［X V Y］
　　　　　↓↓↓↓　　　　　　　　　　　　　　　↓↓　　派生
　　　　The thief was grabbed by the police.　受動構文［Y be/get V-en（by X）］

一方、受動態には必ずしも能動態との関係で捉えられない点も見られます。
例えば、受動態では行為者は by X によって表されますが、書き言葉では、8
割を超える文において、by X は現れませんし、話し言葉ではその割合はさ
らに上がります（Dixon 2005: 353）。さらに、意味に注目すると、能動態と
受動態の文の間には明確な違いがあり、受動態は独自の意味を持つことが分
かります。例えば、George turned the pages に対して、The pages were turned
by George という言い方は可能ですが、George turned the corner に対して
*The corner was turned by George は非文法的とされます。一方で、マラソン
レースのような状況では、That corner hasn't been turned yet のような言い方
が可能であるように（Dixon 2005: 354）、どのような場合に受動態が用いら
れるかについては意味を考慮しない単純な派生では説明ができません。
　Hilpert（2014）では、派生に基づく理論では説明が難しい受動態の例を挙
げています。(2)(3)は、自動詞の受動構文での容認性の違いを表しています。

（ 2 ）a.　The plan was approved of by my mother.（その計画は母に認められた）
　　　b.　Everything was paid for in advance.（支払いはすべて前払いで済んで
　　　　　います）
　　　c.　These issues will be dealt with in another paper.（これだの問題は他の
　　　　　論文で扱われます）
（ 3 ）a.　?The bed was thoroughly searched under.（そのベッドは徹底的に調べ
　　　　　られた）
　　　b.　?This hallway was walked across by George Washington.（この廊下は
　　　　　ジョージワシントンに横切られた）

c. ?These two theories have to be chosen between.(これらの 2 つの理論は
どちらかが選ばれなければならない)

(2)と(3)の対比が示すように、自動詞であっても、(2)の approve of、pay
for、deal with のように受動態が問題なく認可されるものと、(3)の search
under、walk across、choose between のように、受動態で用いられると容認可
能性が低くなるものが見られます。(2)と(3)を比較すると、定着度が高い
組み合わせやイディオム的な意味を持つ組み合わせは受動態で用いられます
が、結びつきが強くない組み合わせの場合は容認可能性が低くなることが分
かります。
　(4)-(6)は同じタイプの目的節を取る動詞であっても、受動態になるかど
うかが動詞ごとに異なることを示しています。

（4）a.　Texting a marriage proposal is not recommended.(結婚の申し込みを
　　　　　メールですることは推奨されない)
　　b.　*Texting a marriage proposal was remembered (by John)
（5）a.　Not to go would be considered rude.(行かないと無礼だと思われるか
　　　　　もしれない)
　　b.　*Not to go was decided (by John)
（6）a.　Whether it was feasible had not yet been determined.(それが実現可能
　　　　　かどうかはまだ決められていない)
　　b.　*Whether it was feasible was wondered (by John).　　(Hilpert 2014: 41)

(4)は動名詞、(5)は to 不定詞、(6)は whether 節が主語となる受動態が認可
されるかどうかが動詞によって異なることを示します。
　このような振る舞いの違いを、2 章で扱った辞書・文法モデルが想定する
抽象的な派生の規則で説明をする場合、規則が A という動詞には適用され、
B という動詞には適用されないというような、一回きりの下位の規則を動詞
ごとに設定する必要に迫られます。一方で、用法基盤モデルの考え方に基づ
くと、(2)と(3)の振る舞いの違いは、動詞と前置詞の結びつきの強さの違

いという観点から、(4)(5)(6)の容認度の違いは、動詞と補文節の結びつきの強さの違いという観点から捉えることができます[3]。

また、受動態には対応する能動態を持たないように見えるものがあります。

(7) a. Pat is reputed to be very rich.（パットはとても金持ちだと評判だ）

　　b. Kim is said to be a manic depressive.（キムは躁鬱病と言われている）

　　c. It is rumoured that there will be an election before the end of this year.
　　　　（年末までに選挙があると噂される）　　　　　　　　　　（Hilpert 2014: 42）

(7)の受動態には対応する能動態が見つからないため、受動態は能動態から一定の方法で派生するという規則が適用されません。もちろん、直感では受動態と能動態に何らかの関係があることは明らかですし、文脈内で相互に交換して使えるように見える場合もあります。しかし、そのこと自体は、受動態は話者の知識に蓄えられている独立した項構造構文であり、能動態の従属物ではないという考え方と矛盾するわけではありません。

5.1.2　命令構文

次に命令文を見ます。命令文はその名が表すように、Get out of here! やCome in! のように、相手に対して指令や命令をする際に用いられます。言語学において英語の命令文と平叙文では法(mood)が異なるとされます。平叙文は現実世界において成り立つ内容を述べる直説法(indicative)を取りますが、命令文は命令・勧誘・願望など、現実世界ではなく心の世界における内容を表す命令法(imperative)を取ります。構文文法では、命令文についても、形式と意味の対からなる構文とみなします。この主張は一見すると分かりにくいので、3.3 節で示した、構文を認定するための 4 つの基準と照らし合わせながら、命令文の構文としての性質を詳しく見ていきたいと思います。

最初に構文を認定するための第一の基準である「構文の形式が規範的なものから逸脱しているかどうか」に注目すると、命令文には項構造の中心をな

す主語が言語化されないという不規則的な特徴が見られます。また、第三の基準である「表現に特異的な制約があるか」どうかという基準について考えると、(8)のように助動詞とは共起しない、(9)のように受動構文とは一般的に共起しにくいという独自の制約が見られます。

（8）*Must/should/got to leave!
（9）*Be called later.

さらに、第二の基準である「意味が非構成的であるかどうか」に注目すると、一般的に Go to bed. のような命令文は、You must go to bed. のような助動詞を含む文と意味が似ていますが、命令文には等位接続詞とともに使われると非構成的な意味が生じるという特徴が見られます。

(10)a.　Turn right at the crossroads, and you will see the lake.（交差点を右に曲がれば、湖が見えます。）
　　b.　Hurry up or you'll miss the train.（急がないと、電車に乗り遅れるよ）

(10)では、命令文が表している部分は命令ではなく、「もし交差点を右に曲がれば」や「もし急がないと」のように、and や or 以下の文が表す事態の前提条件となっています。この条件の意味は助動詞 must を用いた命令の表現である You must turn right や You must hurry up には見られないという点で非構成的と言えます。

　最後に、構文を認定するための第四の基準である「表現にコロケーションの選好性が見られるかどうか」という点でも、命令文には、通常の分布では予測できないほど、強い結びつきが見られる動詞が存在します。Stefanowitsch and Gries(2003)では、網羅的なコーパス調査に基づいて、命令文と有意に結びつきが強い動詞を調査することで、let, see, look, listen, worry, fold, remember などの動詞は命令文で用いられる頻度が極めて高く、命令構文と強い結びつきがある点を示しています。このように、命令文は構文を認定するための４つの基準をすべて満たすため、構文とみなすことが

できます。

　本節で見た、受動文と命令文は伝統的な辞書・文法モデルでは、能動態から受動態への派生、あるいは、直説法から命令法への派生として捉えられてきました。しかし、受動文や命令文は構文を認定するための基準を満たすため、それ自体が独自の地位を持つ構文とみなすことができます。

5.2　構文交替と表層形による一般化

　関連しているように思われる構文であっても、構文同士が派生の関係にあるわけではなく、各構文が独自の地位を持っていることは、構文交替（syntactic alternation）という現象からも分かります。構文交替とは、ある動詞が、（類似した）2つ以上の項構造パターンに現れる現象のことを指します。例えば、交替するとされている構文には以下のようなものがあります[4]。

(11) a.　Jon loaded hay onto the truck.（ジョンはトラックに干し草を積んだ）

　　　b.　Jon loaded the truck with hay.

(12) a.　Jon cleared dishes from the table.（ジョンは机の皿を片付けた）

　　　b.　Jon cleared the table of dishes.

(11)-(12)において、(a)と(b)の文が表す事態では、参与者が持つ主題役割が同じであり、類似性が見られるでしょう。意味の類似性があるため、伝統的には両者は派生の関係にある文として捉えられてきました。(11)は場所格交替、(12)は clear 交替と呼ばれます（cf. Levin 1993）。また、4.1 節で紹介した能動態と受動態も受動交替として扱われることもあります。

　交替現象について、辞書・文法モデルと用法基盤モデルでは捉え方が異なります。辞書・文法モデルでは、交替現象はより基本的な形からより拡張的な形への派生とみなされます。

　　　派生に基づく捉え方1　　　　　　　　派生に基づく捉え方2
図1　辞書・文法モデルにおける構文交替の捉え方

　派生に基づく文法観はさらに2つに分けることができます。1つは、交替する文型の1つがより根本的であり、そちらから他方が派生するという考え方です。例えば、先に見たように能動態から受動態が派生すると考えます。もう1つは、交替をする2つの文に共通する根本的な形があるという考え方です。つまり、表層に現れる形は1つの抽象的な原型から派生したと考えます。

　一方、構文文法では私たちが見たり聞いたりした発話(すなわち、表層形)が一般化されることで抽象的なパターン(すなわち、構文)が生じると考えるため、2つの文の形はそれぞれが独立した地位を持つ構文と考えます。

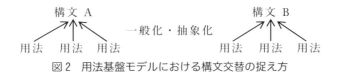

図2　用法基盤モデルにおける構文交替の捉え方

　辞書・文法モデルのように派生によって交替現象を捉える場合、構文Aと構文Bの間の意味の共通性が捉えられるという利点があります。つまり、構文Aと構文Bは元々は同一の構造であったことから、両者には、意味的な類似性が生まれると考えられます。

　しかし、Goldberg(2002)は、2つの構文を派生によって関連付けるという考え方は実際の言語の使用実態とはかけ離れていると批判をし、派生によって構文を関連付けるよりも、表層形における共通点に注目をした方が、構文の振る舞いをより正確に捉えることができると主張しています。この考え方は表層形に基づく一般化(Surface generalization)と呼ばれます。ここでは、(13)(14)で示す二重目的語構文と与格構文を使って、表層形に基づく一般化の考え方を見ていきたいと思います。

（13）a. Mina bought Mel a book.（ミナはメルに本を買った）

　　b. Mina bought a book for Mel.（ミナはメルに本を買った）

（14）a. Mina sent Mel a book.（ミナはメルに本を送った）

　　b. Mina sent a book to Mel.（ミナはメルに本を送った）

（13）（14）が示すように、to 与格構文と for 与格構文はともに、二重目的語構文と交替します。（13）（14）では、（a）は二重目的語構文ですが、（13a）は（13b）の for 与格構文と、（14a）は（14b）の to 与格構文と派生関係にあると考えられています。派生を中心に考える場合、派生前と派生後の構文には意味的な類似性が見られるため、（13）と（14）にある 4 つの文を比べた場合、（13a）は（13b）、（14a）は（14b）とより類似性が高いことが示唆されます。一方、表層形による一般化をした場合、表層的な形が似ている、（13a）と（14a）の間に類似性が観察されると予測されます。実際、表 1 が示すように、表層的な形が似ている二重目的語構文には共通の文法的な特性が見られます。

表1　二重目的語構文と与格構文の文法的振る舞い（Hilpert 2014: 47）

	二重目的語構文	与格構文
目的語代名詞	??Mina bought Mel it.	Mina bought it for Mel.
	??Mina sent Mel it.	Mina sent it to Mel.
wh- 疑問文化	??Who did Mina buy a book?	Who did Mina buy a book for?
	??Who did Mina send a book?	Who did Mina send a book to?
副詞の挿入	*Mina bought Mel yesterday a book.	Mina bought a book yesterday for Mel.
	*Mina sent Mel yesterday a book.	Mina sent a book yesterday to Mel.

表 1 は、派生前と派生後の構文の関係（左右の関係）よりも、表層的な形式の関係（上下の関係）の方が、振る舞いが似ている点を示します。例えば、代名詞が目的語である二重目的語構文 ［X V Y Z］では、to 与格構文と for 与格構文のどちらと派生関係にある場合であっても、主題（Z）が代名詞の場合、文末に現れることはできません。また、wh- 疑問文を見てみると、二重

目的語構文では、受益者(Y)を尋ねるような疑問文では意味がおかしくなることが分かります。さらに、二重目的語構文では、受益者(Y)と主題(Z)の間には副詞が用いられません。つまり、表1から、派生関係にある左右の構文間より、表層的に類似している上下の構文間に共通した振る舞いが見られることが分かります。Goldberg(2002)では、このような点を重視して、派生に注目した一般化に比べて、表層形に基づく一般化の方がより信頼できると述べています。

　また、意味が類似する2つの構文を交替の観点から捉えるには他にも問題が見られます。それは、統語的な交替を論じる場合、ある動詞が現れるパターンの中で2つか3つの文型だけが取り上げられますが、実際のところ、動詞は様々な文の形で現れ、その中の2つだけが特別に密接な関係にあるわけではない点です。例えば、場所格交替(あるいは spray/load 交替)で用いられる動詞である load は、He loaded the hay on/onto the truck と He loaded the truck with hay のような交替をすると言われていますが、実際に、コーパスの用例を見てみると、British National Corpus では、load が動詞として使われる 2,589 例のうち、交替現象で用いられる2つの文型はわずか6％程度(161 例)という結果も見られました。

5.3　類似した構文と類像性

　では、構文文法では、構文間に見られる意味の類似性がどのようにして生じると考えているかについて見ていきます。例えば、他動詞構文(John bought a pen)と二重目的語構文(John bought me a pen)には明らかな意味的な類似性が見られますが、複数の構文はそれぞれ表層形から一般化された独立した構文と考えると、その2つの構文がなぜ意味的に似ているのかについて説明する必要があります。

　構文文法や認知言語学では、構文間の意味の類似性の一部は類像性(iconicity)によって生じると考えます。類像性は現実世界と言語世界に見られる類似的な関係のことを指します。例えば、記号の☀は太陽を、☺は笑顔を表しますが、これらの場合、記号(表すもの)と現実世界(表されるもの)は

類似性に基づいて結びついています[5]。Haiman（1985）は類像性をさらに、同型性（isomorphism）と有縁性（motivation）の2つに分類します。

(15)　同型性：統語的な同型は意味によって動機づけられる。
(16)　有縁性：記号と指示対象の間には何らかの類似性がある。

同型性は、同じ形式が同じ意味を持つ、すなわち、形式が違えば意味が違うという考え方です（Bolinger 1977）。同型性はどれ1つとして同じ意味を表す構文はないとする構文文法の根本的な考え方の基盤となります。一方、有縁性は、言語記号は現実世界の構造を反映するという考え方です。現実世界における順序、複雑性、大きさのような特徴は言語内にも反映されるため、形式が似た構文は意味の上でも類似するようになります。

　有縁的な言語記号（すなわち、アイコン）の代表例はオノマトペです。日本語の「ワンワン」「ニャオ」などの擬音語や、「ぱんぱん」「ぴかぴか」などの擬態語は現実世界における動物の鳴き声や物の状態を模倣して作られています。同様に、有縁性は言語記号内の形式と意味だけでなく、より大きな単位でも見られます。

(17)a.　John and Susie got married and had a baby.
　　b.　John and Susie had a baby and got married.　　（Enkvist 1990: 176）

(17a)では、ジョンとスージーが結婚をした後に子供を産んだ事態が表されています。一方、(17b)では、ジョンとスージーが子供を産んだ後に結婚をしたことが表されています。ここでは、文を構成する要素はまったく同じであるものの、実際に起こった2つの事態の順序が言語上での順序に反映されているため、並べる順序の違いによって2つの文が持つ意味が異なるものとなっています。

　(17)では、現実に起こった順序が文の順序に反映されていますが、同様に、現実世界の影響が構文の選択に反映される例を見ていきます。

(18) a. I found him Mexican.

    b. I found that he was Mexican.

(19) a. I heard Mary's beating John.

    b. I heard that May beat John.

(18)と(19)では、行為の直接性と補語節のタイプが一致しています。(18)の両文はともに「彼がメキシコ人だと私に分かった」事態を表しますが、(18a)では、直接見ることでメキシコ人と分かる事態を、(18b)は人に聞いたり、資料を調べたりするなど間接的にメキシコ人だと分かる事態を指します。(18a)と(18b)を比較すると、直接的であり影響力が強い場合は言語上でも動詞と目的語の距離が近くなる一方で、間接的な行為の場合、that 節によって動詞と he の距離は離れていることが分かります。同様に、(19a)はメアリーがジョンを叩いた音を直接聞いたのに対して、(19b)はメアリーがジョンを叩いた話を間接的に聞いたことを表します。ここでも、経験が直接的か間接的かによって、言語における動詞と経験内容を表す節の距離が異なっています。

　(20)も同様に、行為者の被行為者に対する影響力が言語上での両者の距離に反映されています。

(20) a. He kicked the ball.

    b. He kicked at the ball.

(21) a. He swam the English Channel.

    b. He swam across the millstream.

(20a)では、彼がボールを蹴ろうとして実際に蹴ったという結果まで表すのに対して、(20b)は彼がボールを蹴ろうとしたことは表しますが、実際にボールを蹴ったという結果状態までは表しません。(20b)は動能構文(conative construction)と呼ばれる構文です。この構文では他動詞と目的語の間に前置詞が現れます。動能構文は、他動詞構文とは対照的に、動詞が表す行為が実際に被行為者に及んだかどうかは特定をしません。つまり、動能構文の場

合、他動詞構文に比べて、目的語に対する影響力が低下しますが、この影響力の低下が、言語上での動詞と目的語の間の距離に反映されると考えられます。逆に、通常は、前置詞句で表される経路であっても、その移動によって、場所が影響を受けたと解釈される場合は、場所が目的語として現れます。(21a)では、英仏海峡を泳ぎ渡るという行為が偉業であるため、場所が目的語に現れていますが、(21b)のように小川を泳ぐ場合は、前置詞が必要となります。ここでも、現実世界における影響力の増大が、動詞と目的語の言語的な近さに反映されていると考えられます。

5.4　具体レベルの構文

　これまで、4章と5章では、二重目的語構文や結果構文のような抽象性の高い項構造構文を見てきました。動詞とは独立して存在する項構造構文が存在すると考えることで、He sang his baby to sleep のような動詞の創造的な使用や、The pitcher threw the ball to the catcher と The pitcher threw the catcher the ball のような2つの文の間に見られる微妙な意味の差異がなぜ生じるのかを論じることができました。一方で、抽象的な構文だけを設定すると、言語使用の実態からはかけ離れた誤った一般化を引き起こしてしまうという問題もみられます[6]。

　例えば、(22)の例は結果構文に分類される例ですが、(22b)とは対照的に(22a)は非文法的とされています。

(22) a.　*Jonathan painted the house expensive.

　　 b.　Jonathan painted the house red.　　　　　　　　　（岩田 2012: 57）

(22)の文を結果構文の観点から見ていくと、(22)が表す事態では、家にペンキを塗った結果として、家が赤くなることや、その出来栄えによっては高価になるという因果関係が見られるため、「高価になる(expensive)」ことと「赤くなる(red)」ことはペンキを塗ることで家に生じる結果状態を表すと言えます。しかし、実際には、(22a)と(22b)には文法の適格性において違い

が見られます。(22a)の文は非文法的とされるため、抽象的な結果構文を仮
定するだけでは、結果状態を表す述語の中で一部だけが不適格ということを
説明できません。

　規則が、実際は適用されないものにまで適用されてしまうことを過剰一般
化と呼びますが、構文文法では、過剰一般化の問題を扱うため、近年、人間
が知識として蓄えている構文は想定されているような抽象的な項構造構文よ
りも、ずっと具体的なものではないかと考える研究者が増えてきました。そ
の中でも、本節では、語彙に注目したアプローチと、言語コーパスに注目し
たアプローチを見ていきます。

5.4.1　語彙・構文アプローチ

　具体レベルの構文を扱うアプローチの1つに、語彙・構文アプローチが
あります。このアプローチでは、抽象的な項構造構文を設定するだけでは過
剰一般化の問題が起こるため、項構造構文と同時に、動詞が表す事態につい
ても詳しくみるべきだと主張します(e.g. Iwata 2008)。例えば、(23)の文は
［X V RP］という自動詞を含む結果構文ですが、適格性に違いが見られます。

(23)a.　*The vase broke worthless.

　　b.　The vase broke into pieces.　　　　　　　　　　　　（岩田 2012: 55）

結果句が worthless の(23a)は容認されませんが、結果句が into pieces の(23b)
は容認されます。花瓶を壊した結果、価値がなくなることも、粉々になるこ
ともあるため、worthless も into pieces も壊れた花瓶に生じた結果を表すに
もかかわらず、worthless は容認されません。岩田(2012)では、この文法の
容認性の違いに関して、結果述語(RP)として許容されるのは、動詞が表す
事態に対する直接的な結果であると主張しています。つまり、花瓶を壊すと
その直接的な結果として花瓶は粉々になりますが、その後で間接的に、花瓶
の価値がなくなるため、間接的な結果状態を表す worthless は結果述語とし
ては容認されないとしています。同様に、(22)の例でも、家にペンキを塗っ

た直接的な結果として家が赤くなりますが、高価になるのは間接的な結果であるため、文法の適格性が異なるとしています。

(22)と(23)の例が示すように、結果述語が、動詞が表す事態の直接的な結果であるか間接的な結果であるかを知るためには、動詞の意味を詳しく見ていく必要があります。つまり、どのような事態であるかを知らなければ、ある結果状態がその事態にとっての直接的な結果であるか間接的な結果であるかは分かりません。そのため、動詞が表す事態の違いを考慮しない［X V RP］のような抽象的な構文では、実際の言語使用を説明するには不十分であり、Vの位置に具体的な動詞が入った［X break RP］のような具体レベルの構文を設定する必要が生じます。

同様に、Boas(2003)でも結果構文では、1つの統一的な抽象的な結果構文が存在するのではなく、構文のネットワーク内では抽象性が多少低い構文が相互に関連しながら、結果構文全体を構成していると考えます。例えば、Jerry danced himself to exhaustion と Nancy talked herself hoarse はイディオム的であり問題ない一方で、*Jerry danced himself exhausted や*Nancy talked herself to hoarseness は文法的に不適格になりますが、この適格性の違いは結果構文という1つの構文だけでは説明がつきません(Boas 2005: 449)。Boas (2003)は網羅的なコーパス調査を行うことで、結果構文において、動詞と結果述語の組み合わせの中には、他の組み合わせより極めて頻度が高いものが存在するため、母語話者が持つ結果構文に関する知識は抽象的な項構造構文ではなく、具体的な言語表現が結びついたイディオム的なものの集合であると主張しています。

Boas(2003)でも岩田(2012)でも、構文内のスロットの一部が埋まった具体レベルの項構造構文を設定することで、過剰一般化の問題、すなわち、抽象的な項構造構文を設定するだけでは、結果述語(RP)の位置に現れないはずの語句が出現してしまうという問題に対処しようとしています。

5.4.2 コロストラクション分析

具体レベルの構文を考察するアプローチには、コーパスを用いたコロスト

ラクションと呼ばれる分析（collostructional analysis）があります[7]。コロストラクションの分析では、コーパス内にある構文とその中に現れる語句の結びつきの強さを測定することで、ある構文と結びつきが強い語彙を定量的に明らかにします。このアプローチでも構文と具体的な語彙に見られる強い結びつきに注目することで、構文内のスロットに具体的な語が入る具体レベルの構文の存在を明らかにしようとしています。

　コロストラクション分析では、構文と構文内に現れる語の相互関係の強さを測るため、語句の共起頻度に注目します。コーパス内に現れる構文Cと語彙Wの共起頻度を、表2のような2×2のクロス集計表で表し、フィッシャーの直接確率検定を行います。

表1　コロストラクション分析における共起表

	構文 C	他の構文	横軸の総計
語 W	a	b	a + b
他の語	c	d	c + d
縦軸の総計	a + c	b + d	N = a + b + c + d

Stefanowitsch and Gries（2003）では、二重目的語構文の中に現れやすい動詞と現れにくい動詞に関する研究を行っています。ここでは、ICE-GB という文法的なタグが付いたコーパスを用いて、コーパス内に現れる構文と語彙の頻度と、両者がどの程度共起するかに関するクロス集計表を作成して、フィッシャーの直接確率検定を行うことで、両者の結びつきの強さを測定しています。分析の結果、give、tell、send、offer、show などは、予測される数値よりも二重目的語構文内で出現する頻度が著しく高く二重目的語構文と強い結びつきがあることが明らかになりました。これらの動詞と二重目的語構文の結びつきは有意に強いため、英語の話者は抽象的な［X V Y Z］のような二重目的語構文に加えて、［X {give/tell/send/offer/show} Y Z］のような V のスロットに実際の動詞が入った具体的な構文を記憶に蓄えていることが示唆されます[8]。一方で、コロストラクション分析では、二重目的語構文内で使用されはするものの、二重目的語構文内で出現すると予測される数値よりも極めて低く、二重目的語構文とは結びつきが弱い動詞（make, do, find, call, keep など）も計算することができます。これらの動詞は、語としての使用頻度が極めて高いにもかかわらず、二重目的語構文ではほとんど現れない動詞です。予測されるよりも出現頻度が極めて低いことから、I keep me money in a box のような keep の二重目的語を含む表現は、keep という動詞が内在的に持つ項構造ではなく、動詞とは独立して存在する二重目的語構文によって認可されることが示されます。

5.5　まとめ

　第4章と第5章では項構造構文について見ました。動詞とは独立した項構造構文に関する知識を話者が持っていると仮定することで、なぜ言語使用者が動詞を創造的に使用できるのかという点や、動詞の創造的な使用の意味をなぜ問題なく理解できるのかという点について無理なく説明することができます。一方で、抽象的な構文を設定することで生じる問題としては、過剰一般化の問題があります。つまり、抽象的な項構造構文では、I {told/*said} you that のような類義的な動詞間に見られる振る舞いの違いや、Jonathan painted the house {red/*expensive} のような、結果述語として現れる句に関する制約を説明できません。過剰一般化という問題に対して、語彙・構文アプローチやコロストラクション分析では、人間が持つ言語知識は想定されているものよりもっと具体的ではないかと考え、具体レベルの構文を主に分析しています。

　構文文法は私たちが持つ言語知識は日常的な言語使用の中から現れると考える用法基盤モデルを採用するため、具体レベルの項構造構文も、抽象的な項構造構文や、語彙構文、イディオム構文と同様に、心の中で蓄えられていると考えます。現在、構文が具体レベルで蓄えられていることを示す研究が多くなされています（Taylor 2012; Perek 2015; Ellis, Römer and O'Donell 2016）。具体的な構文を蓄えながら言語活動をする我々にとっては結果構文のような抽象的な項構造構文は言語を分析する際の前提として仮定されるものではありません。構文は実際の言語使用から抽出されるものと言えますが、どの程度まで抽象化が進むのか（7章）、どのような経路を経て獲得されるのか（11

章を参照)といった点は構文文法にとって本質的な問題となります。

■　問題

1　構文交替という考え方に対する構文文法の捉え方と辞書・文法モデルの捉え方についてそれぞれ答えてみよう。

2　表層形による一般化とはどのような考え方か、またそれによってどのようなことが予測されるか考えてみよう。

3　命令文をなぜ構文として捉える必要があるか、下の例文を参考にしながら考えてみよう。

　　(1) Hurry up and you'll see him.

　　(2) You must hurry up and you'll see him.

4　下の例文ではどのような意味の違いが見られるか考えてみよう。また、なぜそのような違いが生じるか考えてみよう。

　　(1) a.　Paula hit the fence.

　　　　 b.　Paula hit at the fence.

　　(2) a.　Margret cut the bread.

　　　　 b.　Margaret cut at the bread.

■　読書案内

　構文交替をする動詞については Levin(1993)で詳しく記されています。表層形の一般化について Goldberg(2006)、類像性については Haiman(1985)を参照してください。また、語彙・構文アプローチについては岩田(2012)、コロストラクション分析については、Stefanowitsch and Gries(2003)を参照してください。

1　類像性については、7.2 節の「動機づけ最大化の原則」も参照してください。
2　ここでの派生は、規則にしたがって書き換えられることを意味します。
3　語と語の結びつきの強さについては、様々な統計的な指標を用いることで、計測することができます(5.4.2 節のコロストラクション分析も参照)。
4　Levin(1993)では、構文交替をする動詞に関する詳細なリストを示しています。
5　類似性に基づく記号のことをアイコン(icon)と言います。

6 抽象的な構文を設定することのもう 1 つの大きなデメリットは、構文をどのように獲得するのかを説明する必要があることです。用法基盤モデルでは、構文は実際の言語使用から生じると考えるため、構文の抽象性を上げるほど、その構文が実際にどのような過程をへて生じるのかを説明することが難しくなります。

7 collostruction とは、抽象的な構文(construction)と具体的な語の結びつきであるコロケーション(collocation)が融合してできた造語であり、両者の中間段階の抽象性を持つ単位です。コロストラクション分析では、抽象的な構文や具体的な構文の中間段階に存在する膨大な数の collostruction が相互に関連しながら人間の言語知識の中心を構成すると考えます(7 章も参照)。

8 コーパス内で発見される具体レベルの構文の心理的な実在性については、心理実験などを用いて証明していく必要があります(cf. 認知的説明の重要性(cognitive commitment))。

第6章　構文の意味的な基盤

【キーワード】認知意味論、捉え方／解釈、客観的意味、主観的意味

　第6章では、構文によって表される様々な意味について見ていきます。これまでの章で見てきたように、各構文が持つ意味は実に多様であり、事態におけるわずかな違いを表すことができます。例えば、二重目的語構文と前置詞与格構文を例にすると、He threw me the ball と He threw the ball to me は「私が彼に向かってボールを投げた」点では共通の事態を表す一方で、二重目的語構文の場合、ボールを私が受け取ったことまで表すのに対して、前置詞与格構文の場合、ボールを私が実際に受け取ったかどうかまでは表しません。

　構文が表す意味が多様である1つの要因は、構文が表す意味には、人間が事態を認識する方法や、人間が持つ一般的な知識が反映されるからです。つまり、構文が表す意味には、「世界がどのようであるか」だけでなく、「世界をどのようなものとして認識するか」も含まれます。一般的に、前者は客観的な意味と、後者は主観的な意味と呼ばれます[1]。

　客観的な意味と主観的な意味について見ていきましょう。

（1）a.　These batteries last for as many as 2 days.（この電池は2日ももつ）

　　　b.　These batteries last for as few as 2 days.（この電池は2日しかもたない）

（1）の各文が表す意味には共通点と相違点があります。（1a）と（1b）はともに、「電池の効力が二日間持続する」という同一の事態を表しますが、持続

時間が長いと思うか短いと思うかに関して、話者の主観的な評価が反映されています。(1a)では、as many as によって持続時間の長さが肯定的に捉えられていることが、(1b)では、as few as によって持続時間の長さが否定的に捉えられていることが分かります。

次の例にも、客観的な意味と主観的な意味の違いが表されています。

(2) A:　John seems to be thrifty.（ジョンは倹約家だね）
　　 B:　Well, I think he is rather stingy.（そうかな、むしろケチじゃないかな）

(2)の thrifty と stingy では「お金を使いたがらない」という特性を表す点では共通していますが、語の背景知識が異なります。thrifty は、皆が浪費してしまう場合にお金を使わないという肯定的な評価を表すのに対して、stingy は、お金を出した方がいい場面でお金を出し惜しみするという否定的な評価を表します。(1)や(2)が示すように、客観的な事態が同じであっても、その事態をどのようにして捉えるかによって、使われる言語表現は異なります。人間は、人間という種に固有の認知能力を介して世界を認識するため、意味は本質的に人間の知覚、身体経験、判断などに根差した主観的なものとなります。

　本章では、6.1 節で、言語が表す意味には人間による世界の捉え方が様々な方法で反映されるとする認知言語学の言語観を紹介します。6.2 節から6.4 節では、認知言語学が注目する意味に関する 3 つの特徴について見ていきます。最初に、6.2 節では、人間が世界を捉える方法(construal)について見ていきます。同一の事態であっても捉え方が異なると、多様な意味が生じます。6.3 節では、構文文法が想定するコミュニケーションのモデルについて見ていきます。6.4 節では、カテゴリー化(categorization)の観点から構文が表す意味や形式を見ていきます。構文は、一般的に、中心的な成員と周辺的な成員を持つ、プロトタイプ・カテゴリーを形成します。

6.1 認識から言葉へ：認知言語学の考え方

構文が表す意味とは何かを考えるうえで、構文文法が誕生する土壌となった認知言語学における意味の捉え方が非常に参考になります。認知言語学では、人間は認知能力を介して世界を認識するため、私たちの認識する世界は、ありのままの「外部世界」とは異なると考えます。例えば、錯視は、「人間が認識する世界」が、いわゆる外部世界とは異なることを示します。

図1　錯視の例

図1の左の図における平行線の長さは同じですが、一般的には、下の線の方が長いと認識されるでしょう。また、図1の右の図では、2つの三角形が認識できると思います。しかし、実際には、外部世界にこの2つの三角形は存在しません。私たちは右の図を知覚する際に、無意識のうちに補助的な線を補いながら認識するため、2つの三角形は私たちが認識した世界の中に存在すると言えます。

認知言語学が想定する意味観をまとめると図2のようになります。

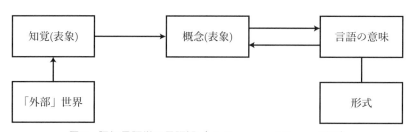

図2　認知言語学の言語観（cf. Evans and Green 2006）

図2は、意味とは、私たちの認識方法を反映する主観的なものであること

を示唆します。つまり、人間は「外部」世界をありのままに知覚するのではなく、認知能力を介して知覚します。知覚された世界における様々な事態や事象は、繰り返し経験されることで、概念として知識の中に蓄えられます。概念が特定の言語形式と結びつくと意味と呼ばれるようになります。認知言語学における意味とは、形式と結びついた概念のことを指します。見方を変えると、相互に複雑に絡まった膨大な概念ネットワークの体系の中で、際立ちの高い部分が言語形式と結びつくとその部分が意味になると言えます。また図2の意味と概念間の双方向の矢印が示すように、意味と概念は流動的に変化するものです。一度、概念が形式と結びつき意味となってもその構文を使わなければ、形式と意味の結びつきが弱まり、概念に戻っていきます。学生時代の集合写真で、同級生の顔に見覚えがあっても、名前は思い出せない場合は、意味は形式と結びつかずに、概念に戻ったと言えます。いずれにせよ、ある語の意味は、その語が表す事態や事物を話者が捉える方法とは切り離すことができません。人間にとって世界は認知能力を介してしか認識できないため、意味は常に主観的なものとなります。

　では、6.2節から6.4節で、認知言語学の意味に対する基本的な考え方を見ていきたいと思います。

6.2　主観的な意味の正体：捉え方

　最初に、主観的な意味を生み出す基盤となる捉え方／解釈(construal)について見ていきます。上で述べたように、人間は外部世界をありのままに捉えるわけではなく、様々な方法で認識します（Langacker 1991：ch. 3）。

　1つ目の捉え方は、図(figure)と地(ground)です。人間は世界を認識する際に、世界で起こる様々な事象を、中心となる部分とその背景となる部分に分けて認識します。場面のなかで目立つ部分は図、その背景となる部分は地と呼ばれます。図と地の違いを示すため、有名な例であるルビンの盃を見てみましょう。

図3　ルビンの盃

　図3では、同一の絵が、2つの顔が向かい合っているようにも、盃にも見えるでしょう。このように見えるのは、白と黒のどちらが図となるかが異なるからです。2つの顔に見える場合、私たちは白い部分を背景として、黒い顔を前景化(foregrounding)させます。一方、盃が見える場合、黒い地の部分を背景にして、白い盃が前景化されます。ルビンの盃では、白い部分と黒い部分が均等に目立つため、両者は図のなりやすさが同一とされています。しかし、私たちが認識する場面の多くは非均質的であり、目立つために図となりやすい部分と、目立たない地となりやすい部分があります。図4では、どちらが図や地として解釈されるでしょうか。

図4　図と地

　図4では、黒の地に白い部分が浮き立って見え、TUFS と書いてあるように見えると思います。しかし、よく目をこらして見たり、図の一部を隠して見てみると、白い部分を背景にして、黒い部分が浮き上がっているようにも見えないでしょうか。白と黒のどちらが背景となるかは、外部世界の特性ではなく、私たちの認識が関わる問題です。

　この図と地の考え方は、言語表現にも当てはまります。言語表現が表す事態の中で図となる部分はプロファイル、地となる部分はベースと呼ばれます。ベースは言語が表す直接的な事態ではありませんが、プロファイルを認

識する上で必要不可欠な部分です。例えば、「斜辺」「弧」「底辺」という語の意味を理解するには、その背景となる直角三角形、円、台形について知る必要があります。

図5　ベースとプロファイル

図5において、太線はプロファイルされている部分を、点線はベースを表します。直角三角形、円、台形は「斜辺」「弧」「底辺」が表すものではありませんが、これらについて知らなければ、「斜辺」「弧」「底辺」はただの線や曲線になってしまい、それらがどのようなものであるかは理解できないでしょう。また、プロファイルとベースは空間関係以外だけでなく、抽象的な語の意味を理解する上でも重要です。例えば、FATHER という概念は FAMILY というベースを背景に理解されますし、WEEKEND という概念は WEEK を背景に、また WEEK は CALENDER を背景にして理解されます。

　このベースとプロファイルの考え方は、構文が表す事態にも当てはまります。ある複合的な事態の中で、プロファイルされ、言語化されるのは一部です（4.4節を参照）。ここでは、他動詞構文、道具主語構文、自動詞構文を見ていきます。

（3）a.　John opened the door with the key.（ジョンはカギでドアを開けた）
　　 b.　The key opened the door.（このカギでドアを開けた）
　　 c.　The door opened.（ドアが開いた）

（3）の各文では、「ジョンがカギでドアを開ける」という共通のベースの中でどの部分にプロファイルが当たるかによって、用いられる構文が異なっています。図6を見てください。

第 6 章 構文の意味的な基盤　101

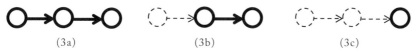

図 6　行為の連鎖とプロファイル

　図 6 の各図は、(3) の各例が表す事態に対応します。事態全体が前景化される (3a) に対して、(3b) では、行為者であるジョンが、(3c) では、行為者のジョンと道具のカギが背景化され、ドアのみがプロファイルされています。(3b) のように、行為者が背景化され、道具が主語位置に現れる構文を道具主語構文と言います。行為者が言語化されない道具主語構文では行為者の責任も背景化されるため、道具主語構文には行為者の責任の所在をあいまいにする構文的意味があります。また、(3c) のように、行為者や道具のような事態を引き起こす要因全体が背景化されると、「ドアが開いた」というドアに起こった状態変化だけが前景化されます。

　次に、心的走査 (metal scanning) についてみていきます。人間は複数の事態を認識する際、個別に認識するのではなく、一定の順序にしたがって認識することができます。例えば、下の図は静止した図ですが、図 7 では左から右に、図 8 では、右から左に事態を認識するでしょう。

　　>>>>>>>>>>>>>>>>>　　　<<<<<<<<<<<<<<<<
　　図 7　左から右への心的走査　　図 8　右から左への心的走査

静的な事態であっても順序立てて認識するという心的走査は、多くの言語表現に関わっています。

(4) a.　This car goes from Osaka to Tokyo. (この車は大阪から東京に行く)
　　b.　This road goes from Osaka to Tokyo. (この道路は大阪から東京に行く)
(5) a.　The river widened at this point. (この川はこの地点で広がっていた)
　　b.　The river narrowed at this point. (この川はこの地点で狭まっていた)

(4) の go は典型的な移動動詞ですが、それぞれの文では何が移動している

でしょうか。(4a)では、主語の車が実際に移動していますが、(4b)の文では物理的な移動は起こっていません。しかし、高速道路は細長くかつ方向性を認識できるものであるため、心の中で大阪から視点を東京に移すことで、静的な事態を順序立てて認識しています。この心の中における主観的な動きをgo は表していると考えられます²。(5)も同様であり、地形は静的な配置ですが、視点を走らせることで地形全体を順々に認識するため widen や narrow のような動きを表す動詞が使われます。

　では、(5a)と(5b)では表す事態にどのような違いがあるでしょうか。(5a)と(5b)は同一の状況を表していますが、事態をどこから認識するかが異なります。つまり、上流から見るか下流から見るかによって、川は広がっているようにも、狭まっているようにも見えるのです。このような、どの地点から事態を見るかも言語表現の意味に影響を与える捉え方の1つであり、視点(perspective)と呼ばれます。同様に、immigrant と emigrant はともに、ある国から別の国へ移住する事態を表します。しかし、この2語では、事態を捉える際の視点が異なります。emigrant という場合、移住する前の国に視点が置かれ、国から出て行くことを表します。一方、immigrant の場合、移住後の国に視点が置かれ、国へ移住してくることを表します。ここでも、immigrant と emigrant の意味には、事態をどこから捉えるかという視点が反映されていると言えます。

　ほかにも、解釈の中には、事態をどの程度詳しく見るかに関する粒度(granularity)もあります。同一の事態であっても近くで見るか遠くで見るかによって見え方は全く異なります。例えば、遠目からは均質的に見える一面の雪景色も、接近して顕微鏡で見ると個別の雪の結晶の集まりだと分かるでしょう。言語表現にも粒度が高い認識と低い認識を反映するものがあります。例えば、「犬」に対して、「ポメラニアン」は粒度が高い表現ですが、「動物」は対象を大雑把に捉えた粒度が低い表現と言えます。

　次の例では粒度の違いによって言語表現が使い分けられています。

（6）a.　My family is fine.

　　b.　My family are fine.

家族は社会的にはひとまとまりの単位ですが、典型的には複数の構成員を持ちます。どの程度詳しく見るかによって、1つのまとまりとして認識されるか、あるいは複数の構成員を持つものとして認識されるかが異なります。

　さらに、私たちは抽象的でよく分からない事態を認識する際に、身近でよく知っている具体的なものに喩えることがあります。これはメタファーと呼ばれる認知プロセスです。例えば、私たちが日常経験を営む「空間」は非常に身近なものであるため、様々な抽象的な概念が空間に見立てられて理解されています。(7)では、時間や心理状態のような抽象的な概念が、空間に見たてられています。

（7）　空間：at the store, in the garden, on the ground
　　　時間：at noon, in three days, on Monday
　　　心理：at ease, in a bad mood, on a good condition

at, in, on は典型的には空間における位置関係を表す前置詞ですが、様々な抽象的な関係も表します。このように、抽象的な概念は、様々な具体的な概念に見立てることで理解されるため、私たちの知識構造の一部である抽象的な概念には、世界の捉え方が反映されていると言えます[3]。

　最後に、参照点能力を見ていきます。参照点能力とは、何かを認識する際に、認知的に際立った部分(すなわち、参照点)を経由して対象を認識する能力です。例えば、「次郎君」や「ある交番」について話をする際に、聞き手がどの次郎君や交番か分からない場合、話者は、話者も聞き手もよく知っている「真理子さん」や「調布駅」を参照点にして、「真理子さんの兄の次郎君」や「調布駅近くの交番」と言うことで、聞き手は話者がどの次郎君や交番について話しているかが分かるようになります[4]。

　参照点の能力に基づいた意味拡張が見られる表現をメトニミー表現と言います。例えば、「鍋を食べる」や「We need more hands」という表現では実際に器である鍋そのものを食べたり、手が必要だったりするわけではなく、「鍋」は鍋の中にある食べ物を、hand は手を含む全体である人間を指しています。

このように、言語が表す意味の中には、人間による世界の捉え方が様々な形で入り込んでいます。

6.3 意味はどのように伝わるか：百科事典的意味・フレーム意味論

次に、構文文法が想定するコミュニケーションのモデルについて見ていきます。最初に、比較のため、構文文法とは対照的な辞書・文法モデルをはじめ、多くの言語学で採用されているコミュニケーションのモデルを紹介します。辞書・文法モデルのコミュニケーション観はしばしば導管のメタファーによって示されます。導管のメタファーは、言語を用いたコミュニケーションを物が移動する導管に見立てたモデルです。このモデルでは、話し手は頭の中にある意味を言語という容器に詰め込み(encode)、言語を、導管を通して聞き手に送り、聞き手は送られてきた言語から意味を取り出す(decode)ことでコミュニケーションが可能になると考えます。このモデルにおいて、意味は言語の中に詰め込まれ、相手に送られるものとして捉えられます。話し手によって言語に埋め込まれた意味と、聞き手によって言語から取り出された意味が一致することで、コミュニケーションが成立すると考えます。導管のメタファーに基づくコミュニケーションのモデルを図示すると図9のようになります。

図9　導管のメタファーに基づくコミュニケーションモデル

導管のメタファーに基づくコミュニケーションの捉え方は一見すると理にかなっているように思えます。言語表現には形式と意味が存在するので、言語の形式の中に意味を詰め込むと考えるのは自然なことかもしれません。

しかし、実際のコミュニケーションを見ると、言葉の中に意味のすべてが

第 6 章　構文の意味的な基盤　105

詰め込まれていると考えるのは難しく感じます。(8)の例を見てください。

（8）　お年玉を貰った後で、神社に向かって出発したが、小銭を忘れてし
　　　まった。

(8)の例を見た後で、「この出来事はいつ起こったのか」、「お寺には何をし
に行ったのか」、「小銭を何に使うのか」という質問をされると、日本に長く
住んだ日本語の話者であれば、「一月一日」「初詣」「お賽銭」と答えること
ができます。しかし、これらの情報は(8)の文のどこにも書いていない情報
です。なぜ、(8)の文を聞くと、このような情報が伝わるのでしょうか。
　辞書・文法モデルとは対照的に、構文文法におけるコミュニケーションの
捉え方では、意味は言語情報を手掛かりにして、聞き手の頭の中で構築され
ると考えます。人間は頭の中に様々な知識を蓄えています。知識の中にはい
わゆる言語に関する知識もありますが、百科事典的知識と呼ばれる、世の中
一般に関する知識もあり、それらがネットワークをなして記憶されていると
考えます(ネットワークについては 7 章を参照)。聞き手に話し手からの言
語的なインプットがあると、聞き手の知識のネットワークの一部が活性化し
て、可能な状況が推測されるようになります。この場合、言語表現は、聞き
手の知識のネットワークにおける参照点として機能して、関連する情報を活
性化することで意味の構築に貢献します。(8)を聞くと、私たちには「お年
玉」「お寺」「小銭」のような語がインプットされますが、それらの語を中心
にして知識の一部が活性化された結果、「一月一日」「初詣」「お賽銭」のよ
うな答えを思いつくことができるようになります。このようなコミュニケー
ション観では、言語表現の中にすべての意味が入っていると考えるのではな
く、言語によって与えられる情報は部分的なものと考えます。
　百科事典的知識の中にフレームに関する知識があります。フレームを端的
に言うと、「言語表現(ないしは非言語的な要素)によって喚起される「世界
知識」であり、単語の意味を理解するために必要不可欠なもの」(内田
2015: 31)です。有名な例を挙げると、land と ground はともに、大地を表し
ますが、背景となるフレームが異なります。land は see と対比した陸であ

り、ground は sky と対比した地上です。そのため、land bird は海ではなく地上で暮らす鳥なので「泳げない鳥」という意味に、ground bird は空に対して大地で暮らす鳥なので「飛べない鳥」という意味になります。

　フレームは、話者が発話時に動詞を選択する際の背景にもなります。つまり、意味が関連する動詞には、同一のフレーム内の異なる部分を表すものがあり、フレームのどの部分が前景化するかによって選ばれる動詞が異なります。ここで、商業取引のフレームを例にすると、商業取引では、買い手と売り手の間に売買が成立して、買い手は代金を払い、売り手は商品を渡しますが、売買に関連する buy, sell, pay, spend, charge, cost などの動詞は、フレーム内の一部を指しているとみなせます。(9)の各例を見て下さい。

(9) a. The cowboy bought a horse (from the sheriff) (for $500).
　　 b. The sheriff sold (the cowboy) the horse (for $500).
　　 c. The cowboy paid (the sheriff) $500 (for the horse).
　　 d. The cowboy spent $500 (on the horse).
　　 e. The sheriff charged (the cowboy) $500 (for the horse).
　　 f. The horse cost (the cowboy) $500.
　　 g. $500 buys (you) a good horse.　　　(Radden and Dirven 2007: 27)

(9)で用いられている動詞は売り買いのフレームに関わる要素のうちの一部を前景化したものです。売り買いのフレームとその要素を図示すると図10のようになります(Fillmore 1977)。

図10　売り買いのフレームの要素と要素間の関係

例えば、(9a)の buy は買い手と商品の関係を、(9b)の sell は売り手と商品の関係を前景化したものです。フレーム内のどの要素に注目するかによって動

詞は使い分けられます。言い換えれば、buy、sell、pay、spend、charge、cost などの語彙(構文)の意味はフレームを通して定義づけられます。(10)では、フレーム内で注目される箇所が異なるため、for a good price の解釈が異なります。

(10) a. The cowboy bought the horse for a good price.
    b. The cowboy sold the horse for a good price.

(Radden and Dirven 2007: 27)

(10a)では、フレーム内の買い手に注目する buy が使われているため、for a good price は安く買えたことを、(10b)では、売り手に注目する sell が使われているので、for a good price は高く売れたことを意味します。通常、フレームは文化や社会を基盤にして成立した世界のモデルであるため、フレームを共有しない話者間では、意思の疎通が難しくなります。

6.4　構文のカテゴリー的な特徴：プロトタイプ

　最後に、構文文法がカテゴリーをどのようなものとして捉えているかについて見ていきます。一般に、なんらかの基準に基づき分類された事物や事象の集合をカテゴリーと呼び、その形成過程をカテゴリー化と言います(辻 2013: 40)。例えば、読者の皆さんが今読んでいるものは一定の基準のもとで分類され、「本」というカテゴリーに含まれる成員とみなされます。

　ある事物や事態を見た際に、それらを何らかのカテゴリーに分類する能力は人間にとって本質的な能力です(Taylor 2003)。私たちは世界をカテゴリーに区分しながら日々生きています。事物や事態をカテゴリーに分類しないと、世界は区切りのないぐじゃぐじゃした無秩序な連続体となりますが、似た者同士をまとめてカテゴリーに分類することで、私たちは世界を秩序だったものとして認識することができます。例えば色を例にしてみますと、色のスペクトルは連続的ですが、人間はそれを赤、青、黄のように切り分けて認識します。

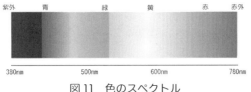

図 11　色のスペクトル

色彩語の研究が明らかにするように、色のカテゴリーの境界は言語によってかなりばらつきが見られます[5]。例えば、青と緑の境界は言語ごとでかなり異なります。日本語では英語に比べて青の範囲が広いです。「青りんご」「青菜」「青々と茂った」などは英語では green で表されるでしょう。また、信号の green も日本語では「青」と訳されます。

　カテゴリーの性質については対照的な 2 つの捉え方があります。1 つ目は、古典的カテゴリーです。古典的カテゴリーは多くの辞書・文法モデルによって採用されているモデルです。例を挙げると、「奇数」があります。「奇数」のカテゴリーは、2 で割れない正数の集合として定義できます。そのメンバーである 1, 3, 5, 19, 71, 1083 などはすべて共通の特性を持ちます。つまり、2 で割れない正数はすべて奇数であり、同時に、奇数であればすべて 2 で割れないという特性が見られます。「奇数であること」と、「2 で割り切れない整数であること」は相互に必要十分条件となっています。

　古典的カテゴリーの特徴をまとめると次のようになります。

(11) a.　必要十分条件によって定義できる。
　　 b.　カテゴリーの境界は明確である。
　　 c.　カテゴリーの成員は対等な関係である。

このようなカテゴリー観は「男」「女」「上」「下」などの基本的な語彙だけでなく、文法的なカテゴリーにも当てはまると考えられます。例えば、英語の「名詞」カテゴリーは、属格や -s を取る(his books)、前置詞の後に現れる要素の主要部となれる(on his books)、主語に現れる要素の主要部となれる(His books was published)、などの条件の集合として規定できます。

一方、カテゴリーには、古典的カテゴリーでは説明がつかないような現象が多々見られます。例えば、BIRD というカテゴリーを見ていきます。

(12)a.　I wish I were a bird.（鳥になれたらなぁ）
　　 b.　I saw a bird in the park.（庭で鳥を見ました）

一般的に、(12a)のように言う場合、話者は空を自由に飛びまわっている鳥になりたいと思っていると解釈され、「ペンギン」や「ダチョウ」になりたいと思っているとは解釈されないでしょう。同様に、(12b)でも、庭で見た鳥が「ペンギン」や「ダチョウ」であるとは考えにくいでしょう。もし、古典的なカテゴリーが規定するように、カテゴリーの成員が全く同じ特性を持つものであるなら、bird が指すのは、どの鳥でもいいはずです。しかし、(12)の例では、「ペンギン」や「ダチョウ」は当てはまりません。同様に、Rosch(1973)がアメリカの大学生に行った「BIRD カテゴリーの例としてどの程度良い例か悪い例か」を調査する心理学的なテストでも、「コマツグミ(robin)」や「スズメ(sparrow)」が良い例とされるのとは対照的に、「ペンギン」や「ダチョウ」は悪い例とされました。一般的に、カテゴリーのプロトタイプ的な成員は、話者が日常生活で頻繁に遭遇するものや、生活の中で重要なものが多いです。それに対して、周辺的な成員は、プロトタイプに比べてあまり目にすることはなく、また、プロトタイプが持っている性質を持っていないものや、カテゴリーの他のメンバーが持っていない独自の性質を持っているものがなります。BIRD カテゴリーは、成員のすべてが同等の地位を持つ均質的なカテゴリーではなく、典型的な例から周辺的な例へと段階的に広がるプロトタイプ・カテゴリーを形成すると言えます。

　このように、カテゴリーは古典的カテゴリーとプロトタイプ・カテゴリーに分類できますが、言語カテゴリーは本質的にプロトタイプ・カテゴリーをなします（Taylor 2003）。最初に、上で挙げた例を用いて単語の意味カテゴリーを見ると、一見すると排他的に見える「男」「女」のようなカテゴリーも厳密な区別が可能な古典的なカテゴリーというより、生物的な性と社会的な性の区別をはじめとした近年の性の多様化が示唆するように、その違いは

排他的ではなく連続的と言えます。また、「上」「下」についても、「スーツの上にコートを羽織る」や「下着」などの表現が示すように、空間上の高低の定義には含まれない意味も定着しています。

単語の意味がプロトタイプ・カテゴリーをなすことは、これまでの例で示されたと思いますが、同様に、文法カテゴリーもプロトタイプ・カテゴリーを形成します。例えば、他動詞構文を例にすると、I kicked the ball や He made a chair などの文は主語による意図的な行為を表し、受動態にもなるため、他動詞構文のカテゴリーにおける典型的な成員とみなせる一方で、It surprised me, it takes time などの文は意図的な行為を表さず、受動態にもならないため周辺的な例と言えます（文法カテゴリーについては 9 章で扱います）。

このように、言語カテゴリーは例外を許さない古典的カテゴリーではなく、中心的成員と周辺的な成員を含むプロトタイプ・カテゴリーを形成すると構文文法では考えますが、これは、カテゴリー化の本質を考えると当然と言えます。カテゴリー化とは、様々な要素の相違点を捨象して、似ていることによりまとめていく過程です。そのため詳しく見るとかなり性質が異なるものが、カテゴリーとしてまとめられていきます。例えば、GAME というカテゴリーには、カードゲーム、球技、将棋、コンピューターゲームなど一見すると共通点が見出しにくいものが含まれます。カテゴリーのほかの成員と、特徴があまり一致していない場合であっても、何らかの点で十分な類似性が見られれば、拡張事例としてカテゴリー内に取り込まれていきます。

6.5　まとめ

6 章では、構文文法が想定する意味に見られる 3 つの特徴を示しました。第一に、言語が表す意味には私たちが世界を認識するさまざまな方法（すなわち、捉え方）や、私たちが持っている文化や社会に根差した一般的な知識が反映されています。解釈が反映されるため、意味は本質的に主観的になります。第二に、私たちは言語表現を用いてコミュニケーションを行いますが、その際、意味は言語表現の中にすべて含まれているわけではありません。言語表現に含まれる意味は限定的でありますが、私たちは言語表現を手

掛かりにして頭の中にある知識のネットワークを活性化させることで、意味を構築していきます。第三に、世界における様々な要素は部分的な類似性に基づいて分類されていくため、言語カテゴリーの成員は非均質的になり、典型的なものから周辺的なものまで見られるようになります。

　このような構文文法における意味観は、次章で扱う「私たちの言語知識はどのような形で蓄えられているか」という問題へとつながっていきます。

■　問題
1　客観的な意味と主観的な意味という観点から、「分岐点」と「合流点」が表す意味の共通点と相違点を説明してみよう。
2　「私は髪を切った」と「私は唇を切った」にはどのような意味の違いがあるか考えてみよう。また、なぜ、そのような意味の違いが生まれるか考えてみよう。
3　「柿食えば鐘が鳴るなり法隆寺」のような俳句がどのような状況を表すのか考えてみよう。また、なぜそのような状況が思い浮かんだのか、状況を理解するにはどの程度の文化的な知識が必要か、議論してみよう。
4　「スポーツ」というカテゴリーはどのようなものであるか定義してみよう。さらに、中心的な成員や周辺的な成員はあるのか、カテゴリーの境界はどのようになっているのか、隣接したカテゴリーにはどのようなものがあるかなどについても考えてみよう。

■　読書案内
　本章では、認知言語学の基本的な概念を説明しています。日本語で書かれた認知言語学の入門書には、谷口(2006)、高橋(2010)、野村(2014)などがあります。また、『新編 認知言語学キーワード事典』(辻 2013)では認知言語学の中心的な概念がまとめられています。

1　主観と客観の区別は難しいものですが、本書では、人間の認識に関わる意味を主観的意味と、人間の認識とは独立して存在するように思える意味を客観的意味とします。

2 日本語にも同様に静的な事態に対して順序立て認識をした表現は見られます。
　(i)南北を走る大通り。
　(ii)川はこの地点で広がる／狭まる。
3 メタファーについては Lakoff and Johnson（1980），Kövecses（2002），鍋島（2011）
　を参照して下さい。
4 参照点能力がどのように言語の構造や機能に反映しているかについては山梨
　(2004)を参照して下さい。
5 人間が持つ言語知識が異なると世界の見え方が異なるという考え方、つまり、言
　語が思考に影響を与えるという考え方を言語相対論と言います。

第7章 構文のネットワーク

> 【キーワード】ネットワーク、継承リンク、メンタル・コーパス
> 【扱う構文】使役移動構文、アマルガム構文、FILLER-GAP 構文、無意味構文

　第7章では、言語の話者は構文をどのような形で知識として蓄えているかについて見ていきます。私たちは構文を用いて様々な言語活動を行っていますが、ばらばらに記憶された構文を用いて複雑な言語活動を行うのは難しいため、構文に関する知識は体系化されたネットワークとして記憶されていると考えられます。散らかった部屋から探している物が見つからないのと同様に、体系的に結びついていない知識から効率的に情報を引き出すことは難しいからです。

　では、体系化した知識[1]にはどのようなものがあるでしょうか。身近な例を1つ挙げると、国語辞典や英和辞典があります。国語辞典や英和辞典では、情報が構造化され体系的に提示されています。語彙は、五十音順やアルファベット順に配列され、各語の語義は、意味の典型性、使用頻度、歴史的な変遷など、一定の基準に基づいて並べられています。このような体系性があるため、私たちは探している語を容易に検索することができます。一方、国語辞典や英和辞典では、語と語の意味的なつながりについてはほとんど記されていません。辞典の中には「類義語」「反義語」などのラベルによって、極めて限定的に語と語の意味の関係を記しているものもありますが、意味的な関係が体系的に記されているとは言えません。これは、「連想ゲーム」を行う際に、辞典がほとんど役に立たないことからも明らかでしょう。一方で、日本で幼少期を過ごした母語話者の多くは、「海」「スイカ」「宿題」の

ようなキーワードから「夏休み」を連想できるように、人間は辞典には載っていないような語の意味的なつながりを体系的に記憶しています。

　話者が持つ知識が相互に関連したネットワークをなすことは、近年のプライミング効果の研究からも支持されます。プライミング効果とは先行する刺激(プライマー)の処理が後の刺激(ターゲット)の処理を促進または抑制する効果のことを指します。例えば、「牛」の写真を見せた後に、「牧場」「モーモー」「ミルク」などが日本語の語であるかどうかを確認するテストをすると、刺激を与えていない場合に比べて、聞き手の応答が早くなります。これは、知識の一部が活性化すると、ネットワークによってつながっているその周辺の知識も活性化するからと考えられます。

　構文文法では、構文に関する知識も相互に関連したネットワーク(Construct-i-con)をなしていると考えます。構文には、語、句、イディオム、項構造構文など、抽象性や複雑性が異なる様々なタイプの膨大な数の構文があります。各構文が辞典の項目のように、意味的なつながりとは無関係に独立して記憶されていると考えると、ものすごい数の構文を個別に記憶しなければならなくなり記憶に負担がかかります。一方で、構文を「似ている」「全体と部分の関係にある」「上位と下位の関係にある」「1つの発話内で共起する」など関連づけて記憶することで、有限の記憶を用いて、構文を効率的に覚えることができるようになります。

　第7章では、7.1節で、人間は膨大な言語事例を言語知識として蓄えながら言語活動を行うとするメンタル・コーパスの考え方を紹介します。メンタル・コーパスに蓄えられた言語事例の間に類似性が観察されると、そこから一定のパターンが認識され、抽象的な構文になっていきます。7.2節では、構文が体系的に結びつくうえで重要な4つの原則について見ていきます。7.3節では、構文と構文をつなぐ継承リンクについて見ていきます。構文が持つ特性は継承リンクを通して関連する構文へと受け継がれます。7.4節では、「構文ネットワークの中で最も抽象的な構文はどのようなものであるか」という構文文法が考えていくべき根本的な問題について検討していきます。

7.1 メンタル・コーパス [2]

　人間が持つ言語知識はどのようなものであるかを考える第一歩として、最初に、言語の話者は電子コーパスのような、膨大な数の言語事例を蓄えた状態で言語活動を行っているという、メンタル・コーパスの考え方について見ていきます。言語学でコーパスというと一般的に電子コーパスのことを指します。電子コーパス [3] は、新聞や雑誌、会話など、実際に発話された言語のデータが電子化されたものを指しますが、Taylor(2012)では私たちが持つ言語知識の特性を、電子コーパスに見立てることで捉えようとしています。

　メンタル・コーパスにどのような情報が蓄えられているかを見るため、最初に、小説や漫画のセリフを例にして考えてみます。皆さんは、お気に入りの小説や漫画の中で、その登場人物の決めゼリフなど、印象に残っている表現がありますか。私は『風立ちぬ』という小説の冒頭に出てくる「風立ちぬ いざ生きめやも」というセリフが好きです。このセリフを覚えているのはもちろんですが、同時に、最後に本を読んだのが数年前であっても、そのセリフが、本全体のどのあたりにあったか、ページのどのあたりにあったか、セリフの前後にどのようなセリフがあったか、また、どこでどんな気持ちでその本を読んだかなども何となく思い出すことができます。つまり、セリフと同時に、セリフに付随するさまざまな情報や、当時の心情なども記憶しています。このようなタイプの記憶をエピソード記憶と言います。エピソード記憶には、過去に経験した出来事の内容に加えて、出来事を経験した際のさまざまな付随情報（周囲の時間的・空間的状況、自己の身体的・心理的状態など）が含まれます。リメイク版の映画や声優変更後のアニメを見て違和感を覚えるのは、セリフ自体は過去に聞いたものと同じであっても、演者の声質や息遣い、または周りの演者に関する記憶等が、現在見ている場面と一致しないからでしょう。

　エピソード記憶は意識的に思い出せる記憶（explicit memory）ですが、記憶には意識的には思い出せない記憶（implicit memory）もあります。例えば、泳ぐことができる人は、泳ぎの1つ1つの手順を思い出さなくても泳げるように、泳ぐために必要な知識は無意識のうちに覚えられています。言葉に関

する記憶も無意識に蓄えられているものが多くあります。例えば、「恋占い」「愛占い」では「恋占い」の方が、自然な表現と感じられるでしょうし、また、「レストランはどこですか」という質問に対して、「さー」というフィラーを使うと、その後には「ちょっと分かりません」「この辺りにはありません」のような否定的な答えが続くことが予測できます（定延 2005）。このような無意識の記憶は過去の経験に影響を受けます。つまり、特定の語の組み合わせに接した頻度が、語と語の組み合わせを自然と感じるかどうかに影響を与えていると言えます[4]。

Taylor（2012）では、私たちは心の中に意識的な記憶であれ無意識的な記憶であれ、これまでに経験をした膨大な言語事例を蓄えており、言語表現がどの程度まで容認されるかは、蓄えた記憶によって影響を受けると主張しています。この蓄えられた言語事例の集合がメンタル・コーパスと呼ばれます。コーパスに見立てられるように、メンタル・コーパスに収集されている言語事例は、文脈と切り離すことができない、実際に使用された文です。

Taylor（2012: 3）はメンタル・コーパスと電子コーパスにおける 3 つの相違点を挙げています。

第一に、メンタル・コーパスは電子コーパスに比べて含まれる情報の量と種類が圧倒的に豊富です。一般的に、電子コーパスは、発話された文とその前後の文脈を含むだけですが[5]、メンタル・コーパスには、前後の文脈に加えて、話者の声質や話し方、発話された空間的・時間的な環境、話し相手の態度や意図など、言語経験に付随するさまざまな情報も蓄えられています。

第二に、電子コーパスには発話された文が収集されているため、文は発話された順（すなわち、線状的）に収集されますが、メンタル・コーパス内の各要素は線状的（liner order）なつながり以外にも様々な要素と結びつきネットワークをなします。例えば、father という単語は、電子コーパスでは、The father hugged his son や、I love my father という文においては、the, hugged, my のような前後の要素と結びついているだけです。一方、メンタル・コーパスにおいて father は、類義関係によって dad と、反義関係によって mother と、上位・下位関係によって man と、部分全体関係によって family と、「家族」フレームを介して son や daughter と結びついています。また、

例えば、father は文化や社会に根差して「外で働く」「子供を叱る」などのイメージや、個人の経験に基づいて、「お酒を飲んで酔っ払う」「怖い」「口だけ」のようなイメージと結びついていることもあるでしょう。メンタル・コーパス内の各要素は線状的に結びつくだけではなく、様々なタイプの結びつきを介して、ネットワークをなしています。

第三に、電子コーパス内の言語事例は永続的に保持され、すべての例が対等に扱われますが、メンタル・コーパス内の言語事例は時間の経過とともに更新され、以前の記憶は薄れていきます。授業で習ったことや、自習したことをその時点では覚えていても、試験の時にはすっかり忘れていることは誰にでも経験があると思います。メンタル・コーパスの中身はどんどん更新されていき、一度定着した知識であっても使わなければ忘れていきます[6]。

メンタル・コーパスと電子コーパスの共通点と相違点は表1のようにまとめられます。

表1　メンタル・コーパスと電子コーパスの共通性と相違点

	メンタル・コーパス	電子コーパス
共通点	発話を収集しており、文脈依存的	
相違点 1: 情報の種類	言語的・パラ言語的・非言語的	言語的
相違点 2: フォーマット	ネットワークを形成	線状的
相違点 3: 情報の持続性	不安定・動的	安定的・静的

また、メンタル・コーパスに蓄えられている言語の具体事例は、それ自体が言語活動において用いられると同時に、抽象的な言語知識の基盤ともなります。つまり、蓄えられた言語事例は他の言語事例との間に共通性が認識されると結びつき、抽象化や一般化が行われます。例えば、Gimme [=Give me] that, Gimme the book, Gimme the cup という言語事例の間に類似性が認識されると、そこから、[Gimme O] のような変項を持つ抽象的なパターンが生じます。メンタル・コーパスに蓄えられた言語事例を基盤として立ち現れたこのような言語知識の体系のことを、構文文法では構文のネットワークと呼びます。図1は私たちが持つ言語知識を図示したものです。

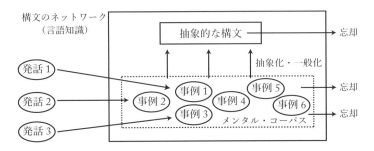

図1　メンタル・コーパスと構文のネットワーク

図1における破線の四角がメンタル・コーパスであり、その外側の四角が構文のネットワークです。メンタル・コーパスは記憶の中に蓄えられた言語の痕跡であるため、言語事例の集合と言えます(Taylor 2012)。メンタル・コーパスに収集された言語事例が類似する言語事例と結びつくことで抽象化が進んでいき、徐々に体系的な構文のネットワークができていくと考えられます。

7.2　構文のネットワークの基本設計

では、構文のネットワークが持つ特徴について見ていきましょう。ネットワークの中で構文は構造化され、相互に結びついています。Goldberg(1995: 67–68)では、構文間の結びつき方に関する4つの原則を挙げています[7]。

① 非同義性の原則：形式が異なれば意味が異なる(同一の形式であれば意味も同一である)。
② 動機づけ最大化の原則：意味や機能における違いが形式面での違いを引き起こす。
③ 経済性最大化の原則：個別の構文の数は可能な限り最小化される。
④ 表現力最大化の原則：構文の目録は、コミュニケーションを行うという目的のため、最大化される。

①と②は構文の記号的な側面に関係する原則です。①が示すように、各構文には他の構文とは異なる独自の形式と意味があります。例えば、5.2節で扱った構文交替が示すように、似た意味を持つと思われる構文にも独自の意味が見られます。また、②が示すように、形式は意味によって動機づけられます。例えば、He kicked the chair（彼はイスを蹴った）という文に対して、他動性が低くなると He kicked at the chair のような動能構文が、イスに注目が集まると、The chair was kicked のような受動構文が使われます。この2つの原則の作用によって、構文間には意味的な類似性を反映したつながりが生じるようになります。

　また、③と④は対照的な原則であり、③は構文の数を抑制する方向に、④は構文の数を増やす方向に働きます。まず、③について見ると、人間の記憶は有限であることから、認識する様々な対象に対して1つ1つ名前を付けるのは不可能であり、一般化や簡略化をして同一の記号にまとめるため、構文の数は抑制されます。一方で、④について見ると、コミュニケーションを効率的に行うには、各記号の表す意味がはっきりと区別できる必要があるため、意味を緻密に区別するには多くの構文が必要となります。構文文法では、この4つの原則が互いに働きながら構文のネットワークを形成すると考えます。

7.3　継承リンク

　7.2節で示した4つの原則の中で、「動機づけ最大化の原則」は、構文と構文を結びつける基盤となる原則です。つまり、構文の形式が意味によって動機づけられることから、意味的・機能的に類似した構文には関係性が認識され互いに関連するようになります。構文間のつながりはリンク（link）と呼ばれ、構文は様々なリンクを介して相互に関連しています。

　また、リンクには、1つの構文が持つ特性が他の構文に引き継がれるという非対称的な継承リンク（inheritance link）も想定されます。継承リンクによって、継承元の構文（C_1）が持つ特性は、継承先の構文（C_2）へと継承されます。例えば、抽象的な［主語 - 述語構文］が持つ特徴である、主語が he

や she のような三人称単数で現在を表す場合、動詞が plays のように屈折するという特性はその下位の構文である自動詞構文や他動詞構文にも引き継がれます。

構文と継承関係は図2のように記すことができます。

C_2 は C_1 を継承する
C_1 は C_2 を支配する
C_1 は C_2 を動機づける
I は継承リンクを表す

図2　継承リンク

上位構文である C_1 が持つ特性が下位構文 C_2 に継承されるということは、C_2 が持つ特性は C_1 によって動機づけられるとも言えます。継承関係によって、構文 C_1 の特性は C_2 に引き継がれるため、両者には部分的な意味的・統語的な共通点が見られるようになります。

継承リンクを用いると様々な項構造構文の間には図3のようなネットワークが想定できます。図3における上位の構文が持つ特性は下位の構文に引き継がれます。

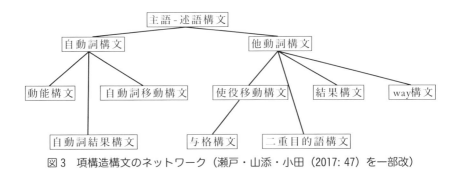

図3　項構造構文のネットワーク（瀬戸・山添・小田（2017: 47）を一部改）

次節からは、継承リンクの具体例として、構文のネットワークに見られる四種類の継承リンクを説明していきます[8]。

① 具体例のリンク：構文間の「スキーマ－具体事例」関係を結ぶリンク

② 多義性のリンク：構文間の意味拡張を結ぶリンク
③ 部分関係のリンク：構文間の「部分－全体」関係を結ぶリンク
④ メタファーリンク：メタファーによって構文間の意味拡張を結ぶリンク

7.3.1 具体例のリンク

　最初に紹介するのは、具体例のリンク（instance link）です。具体例のリンクは、抽象的な構文と具体的な構文の間をつなぐリンクです。例えば、hit の他動詞用法［主語 - hit - 目的語］について考えてみると、［主語 - hit - 目的語］は他動詞構文（つまり、主語 - 動詞 - 目的語）と具体例のリンクで結びついています。また、hit の他動詞用法は、hit the road（出発する）や hit the target（目標を達成する）のようなイディオムをはじめ、より具体的な構文とも結びついています。他動詞構文が持つ特性（三人称単数現在の場合は動詞に -s がつく、疑問文や否定文では助動詞の do が用いられるなど）は、具体例のリンクを介して下位の構文へと継承されます。

　具体例のリンクで構文がつながる場合、一方の構文が他方の構文の特殊例となります。そのため、下位の構文になればなるほど具体的な特徴を持つようになり、構文が持つ特徴は特定化されていきます。例えば、上で挙げたhit を含む構文の主語に注目すると、最上位にある他動詞構文では様々な主題役割を持つ名詞が項として現れるのに対して、hit の他動詞構文の場合、主語の主題役割は典型的には行為者や道具に限定されます。さらに、hit the road や hit the target のようなイディオムの主語になると、主語の主題役割はほとんどが行為者となります。

7.3.2 部分関係のリンク

　2つ目は、部分関係のリンク（subpart links）です。部分関係のリンクは、ある構文が他の構文の一部となる場合に見られるリンクです。部分関係リンクによって、部分となる構文が持つ特性は、全体となる構文へと継承されます。例えば、他動詞構文を例にすると、他動詞構文は主語となる名詞句と、

述語となる動詞句からなりますが、名詞句や動詞句は他動詞構文の一部であるため、他動詞構文と部分関係のリンクによって結ばれています。一方、他動詞構文は to 与格構文と共通した項を持っており、部分関係リンクで結びついていると考えられます。

（1）a.　John wrote a letter.（ジョンは手紙を書いた）

　　 b.　John wrote a letter to Mary.（ジョンはメアリーに手紙を書いた）

（1）が示すように、他動詞構文と to 与格構文は、主語と直接目的語を持ち、典型的には主語には行為者が、目的語には被行為者が現れるように、形式的にも意味的にもかなりの重複が見られます。これは他動詞構文が持つ特性が部分関係リンクを介して、to 与格構文へと継承されたからと考えられます（Hilpert 2014: 62）。

7.3.3　多義性のリンク

　3つ目は、多義性のリンク（polysemy link）です。多義性のリンクは構文間の意味拡張を示すリンクであり、中心的な意味と拡張的な意味を持つ構文間に見られます。多義性リンクによって、中心的な意味を持つ構文の統語的な特性が拡張した意味を持つ構文にも継承されます。ここでは、使役移動構文を例にします。

（2）a.　Pat pushed the piano into the room.（パットはピアノを部屋に押して入れた）

　　 b.　Pat allowed Chris into the room.（パットはクリスの入室を許可した）

　　 c.　Pat locked Chris into the room.（パットはクリスを部屋に閉じ込めた）

使役移動構文には、（2a）が表すような、「X の直接的な力によって、Y を Z に移動させる（'X causes Y to move to Z'）」という中心的な意味があります。同時に、使役移動構文には、（2b）のように「X が Y に Z に移動することを

許可する（'X enables Y to move Z'）」という意味や、(2c)のように、「X が Y に Z から動かさないようにする（'X causes Y not to move from Z'）」という意味も見られます。使役移動構文の中心的な意味は、多義性リンクを介して、(2b)や(2c)のような拡張的な意味とつながっています。

7.3.4 メタファーリンク

　4つ目は、メタファーリンク（metaphorical links）です。このリンクは、ある構文の意味が異なる別の構文の意味からメタファーによって拡張したことを表す意味的なリンクです。Goldberg(1995)ではメタファーリンクによる構文の結びつきの例として使役移動構文と結果構文を挙げています。

（3）a.　Pat threw the ball into the box.（使役移動構文）
　　 b.　Pat broke the ball into pieces.（結果構文）

両者はともに主語の行為によって目的語が変化をする構文です。(3a)の使役移動構文では目的語の位置が変化をし、(3b)の結果構文では目的語の状態が変化をしています。Goldberg(1995)では、使役移動構文と結果構文の関係を CHANGE IS MOTION（変化は移動）というメタファーを用いて捉えています。つまり、状態変化を表す結果構文は位置変化を表す使役移動構文とメタファーを通じて結ばれていると主張しています[9]。
　二重目的語構文にもメタファーリンクを介した軽動詞構文への意味の拡張が見られます。

（4）a.　Bill gave John a present.（ビルはジョンにプレゼントを渡した）［二重目的語構文］
　　 b.　Bill gave John a look.（ビルはジョンを見た）［軽動詞構文］

(4a)は「物の譲渡」を、(4b)は「視線を向ける」ことを表しています。ここでも、ACTIONS ARE TRANSFERS（行為は移動である）というメタファー

を介して「視線を向けられる」ことが「物を受け取る」ことに見立てられています。そのため、(4b)では、ジョンがビルの視線を認識していることが含意されますが、これは中心的な構文からジョンが受領者であることが引き継がれるからと考えられます。同じ軽動詞構文でも Bill had a look at John（ビルはジョンを見た）では、「視線を向ける」ことが「所有」にたとえられており、ジョンが必ずしもビルの視線を認識している事態を表すわけではありません。

7.3.5 アマルガム構文

また、構文の中には、2つ以上の独立した項構造構文が合成することで生じるアマルガム構文（amalgam construction）があります。アマルガム構文は、複数の項構造構文から継承リンクを介して特性が受け継がれることで、本来は非文法的とされる構造が認可されるため、文法的には破格の構文と言えます。

(5)a.　Why don't you be quiet?（静かにしてくれませんか）

　　b.　[I]t was an important enough song to put on their last single.（それは彼らの最後に上演する曲としては十分に重要な歌だ）

(Hilpert 2014: 63)

(5a)は be 動詞を含む疑問文にもかかわらず、助動詞の do が現れています。この表現では、Be quiet. のような［Be adj.］と Why don't you go?　のような［Why don't you VP］という2つの項構造構文が融合しています。また、(5b)は、［ENOUGH-TO 不定詞構文］と呼ばれる構文です。(5b)の文は、明らかに、(6)の2つの文の要素が融合してできています

(6)　　It was an | important | song.
　　　It was | important enough | to put on their last single.

(6b)の主語の it は先行詞を持つ代名詞としても、to 不定詞の仮主語として

第7章　構文のネットワーク　125

も同時に機能しており、文法的には明らかに破格ですが、複数の具体例リンクに動機づけられ構文が認可されたと考えられます。

7.4　問題：最も抽象的な構文はどのようなものであるか？

　前節までに、構文が一定の原則にしたがって相互に結びつきネットワークをなしている点を見てきましたが、本節では、構文のネットワークの最も抽象的なところにはどのような構文があるかという、現在でも議論が続いている問題について考えていきます。これまで見てきたように、用法基盤モデルではメンタル・コーパスに収集された具体的な言語事例において話者が類似性を認識することで一般化が行われ、徐々に抽象的な構文が出現すると考えますが、抽象化は、実際どの程度まで進むのでしょうか。

　構文を抽象性の観点から考えると、具体性の高い語彙構文やイディオム構文（flower, paper, to name a few, learn by heart など）については、辞書やイディオム辞典があるように形式に対応する意味が比較的捉えやすいという特徴が見られます。一方で、抽象性の高い構文の意味はどうでしょうか。他動詞構文を例にして考えてみます（cf. Taylor 2003）。他動詞構文は［主語 - 動詞 - 目的語］という形式からなる構文であり、固定された語彙が無く、すべてが変項からなる抽象性が高い構文と言えます。(7)は他動詞構文の例です。

（7）a.　John hit Mary.（ジョンはメアリーを叩いた）

　　b.　John saw Mary.（ジョンはメアリーに会った）

　　c.　The ball hit Pat.（ボールはパットにあたった）

　　d.　John swam the channel.（ジョンはその海峡を泳ぎ渡った）

　　e.　The violin broke a string.（そのヴァイオリンは弦が切れた）

　　f.　This room seats 40.（その部屋には 40 席ある）

(7)が示すように、他動詞構文に共通する意味的な特徴を捉えるのは難しいです。主語から目的語に何らかの働きかけがある(7a)に比べると、「バイオ

リンの弦が切れた」ことを表す(7e)や「部屋に 40 の座席がある」ことを表す(7f)が表す事態はかなり異なるように見えます。他動詞構文の意味のばらつきに対して、Taylor(2003)では、プロトタイプの観点から説明を試みます。つまり、他動詞構文は成員間に段階性が見られるカテゴリーであるため、すべての他動詞構文に共通する意味的な特徴づけは難しい一方で、典型的な他動詞構文に対しては、「意志を持った行為者が被行為者に物理的な影響を及ぼす」という意味的な特徴づけが可能と考えます(Hopper and Thompson 1980; Dowty 1991; Taylor 2003)。

　抽象的な構文の中には、プロトタイプではなく、スキーマによって意味的な特徴づけがなされるものもあります。(9)は、主語・助動詞倒置構文と呼ばれる構文です。

(8)a.　Would you mind if I smoke here?(ここでタバコ吸ってもいい？)
　 b.　Had I known this, I would have stayed at home.(もしこのことを知っていたら、家に留まっていただろう)
　 c.　May he rest in peace!(安らかにお眠りください)
　 d.　Rarely have I heard such nonsense.(こんなばかげたことめったに聞かないよ)
　　　　　　　　　　　　　　　　　　　　　　　　　　　(Hilpert 2014: 51)

(8)の例は、(8a)が疑問文、(8b)が仮定法の倒置文、(8c)が祈祷文、(8d)が否定の副詞をともなう倒置文に分類できます。これらはすべて、主語と助動詞に倒置が起こるという共通の形式を持っており、形式の面では主語・助動詞倒置構文として捉えることができます。主語・助動詞倒置構文はすべてのスロットが変項であり、非常に抽象的な形式を持っていますが、この形式には対応する意味があるのでしょうか。

　Green(1985)は、主語・助動詞倒置構文は純粋に統語的な現象であり、意味については実質がないと述べています。一方、Goldberg(2006:ch. 8)では、主語・助動詞倒置構文には「非断定的(non-assertive)」という意味的な共通性が見られるとしています。つまり、言い切りがなされる「断定」とは異なり、この構文で表される典型的な事態は、すでに起こった事実ではないとい

第7章　構文のネットワーク　127

う共通点があります。

　では、次の例はどうでしょうか。

（9）a.　What kind of sandwich did you eat?

　　b.　How many sandwich he ate!

　　c.　Keep track of all the sandwiches you eat!

　　d.　Normally the kids don't touch sandwiches, but this one they'll eat.

　　e.　The more sandwiches you eat, the hungrier you get.　（Hilpert 2014: 53）

（9）の例は、（9a）がWH疑問構文、（9b）は感嘆構文、（9c）が関係代名詞構文、（9d）が主題化構文、（9e）が比較相関構文によって認可される具体事例と言えます。一方で、（9）の各文には、食べられたもの（filler）が、本来現れるはずのeatの目的語の位置には現れていないという形式面での共通性があります。そのため、これらの構文をまとめて、FILLER-GAP構文と呼ぶこともあります（Sag 2010）[10]。

　FILLER-GAP構文は構文文法の理論的な背景に関して大きな問題を投げかけます。それは対応するような意味が見つからない形式を構文ネットワークに加えてもよいかという問題です。辞書・文法モデルにおいて、文法規則の例外となるイディオムを辞書の付録に入れたのと同様に、構文文法において、形式だけからなる言語単位を例外的に構文のネットワークの付録に加えてもいいのでしょうか。用法基盤モデルを採用する構文文法では、FILLER-GAP構文のような意味の認定が難しい非常に抽象性の高い構文を構文と認定して、構文のネットワークに入れることに対して慎重です（Langacker 1987; Goldberg 2006; Hilpert 2014）。形式のみからなり対応する意味が見られない、いわゆる「無意味構文（meaningless construction）」を認めてしまうと、構文は形式と意味の対からなるという、構文文法の根幹となる前提が崩れてしまうからです[11]。

　Hilpert（2014）は、構文文法が科学的な言語理論となるためには、経験的に反証可能な主張をする必要があると述べています。構文は例外なく形式と意味の対からなるという強い主張をすることで、その主張の真偽を確かめら

れるため、構文文法は科学的な理論となります。抽象的な構文には、FILLER-GAP 構文の他にも従来は規則として捉えられていた、動詞句構文（verb phrase construction）や前置詞句構文（prepositional phrase construction）なども考えられますが、現在の構文文法では、これらの非常に抽象性の高い構文がどのように意味的に特徴づけられるかに関してはまだ研究が進んでいないのが実情です。Hilpert（2014: 57）は、構文文法の研究が、way 構文やイディオム構文などの形式と意味の対応関係が分かりやすい構文だけを扱い、抽象的な構文が持つ形式や意味に向き合わないならば、構文文法は体系的な言語理論にはなり得ないと言っています。

7.5　まとめ

　本章では、私たちの言語知識を構成する構文のネットワークが持つ特徴を見てきました。私たちが言語を用いて複雑な言語行為を行えるのは、私たちの言語知識が効率的に結びつき体系化されているからと考えられます。体系化された構文のネットワークは、プライミング効果の実験等によって捉えることもできます。何らかの要素がインプットされると、知識のネットワークにおいて、その要素に関連するさまざまな要素もリンクを通して活性化することから、プライミング効果は生じると言えます。

　一方、本章でまだ論じていない構文のネットワークの側面もあります。例えば、ネットワークは動的でありインプットによって柔軟に変化する点や、各話者が持つネットワークには個人差がある点については論じられていません。言語知識はたとえ一度定着しても永続的に保持されるわけでなく、日々の言語経験の中で、揺らいだり、忘れられたりします。また、個々の話者の言語経験は異なるため、人間が持つ言語知識は均質的ではなく個人によってばらつきが見られるでしょう。構文ネットワークの内実の研究はまだ進んでいるとは言えませんが、心理実験やコーパス分析の手法が日々発達していく現在の言語学において、今後、学際的な研究が活発になるテーマと考えられます。

第 7 章　構文のネットワーク　129

■　問題

1　辞典とシソーラスでは、それぞれどのように知識が体系化されているか
　　考えてみよう。

2　メンタル・コーパスはどのようなものであるか定義してみよう。また、
　　メンタル・コーパスと電子コーパスの共通点と相違点を挙げてみよう。

3　［NP's NP］からなる属格構文の中心的な意味は所有と言われるが、
　　John's pen, John's mother, the car's door, the cat's tail, today's event などの
　　例を参考にして、属格構文にはどのような多義が見られるか考えてみよ
　　う。

4　Don't be stupid や「その花はきれかった」のような文法的に破格の構文
　　が理解できるのはなぜか考えてみよう。

5　無意味構文(meaningless construction)とはどのようなものであるか定義
　　をしてみよう。また、無意味構文を構文として認定すべきかどうかに関
　　する意見を述べてみよう。

■　読書案内

　　メンタル・コーパスについては、Taylor(2012)で詳しく解説されていま
す。また翻訳(西村他 2017)もあります。構文のネットワークについては
(Goldberg 1995)の 3 章で示されています。また、貝森・谷口(2017)は、
ネットワーク内の継承リンクに関して日本語で簡潔に解説をしています。

1　知識を体系化するとは、一定の基準に基づいて、知識を分類し、整理することを
　　指します。

2　本節は、Taylor(2012: ch. 1)の議論に基づいています

3　以下、本書で、コーパスと呼ぶ場合、電子コーパスを指します。

4　最近広がっている「つらみ」「やばみ」「死にたみ」などの「み」で終わる名詞を
　　自然な表現と感じる人は、Twitter 等でそれらの表現を頻繁に目にしているから
　　でしょう。

5　電子コーパスには、品詞などのメタ言語的な情報や、イントネーションや笑いの
　　ようなパラ言語的情報がタグ付けされている場合もあります。しかし、言語経験
　　のあらゆる側面をタグ付けすることは難しいため、メンタル・コーパスに比べて
　　情報量が少なくなります。

6　最近のオンラインの電子コーパスには、NOW コーパスのように、定期的に更新され語数が増えるものも見られます（https://www.english-corpora.org/now/）

7　Goldberg(1995)の日本語訳の一部については、河上他・早瀬・谷口・堀田(2001)を参考にしています。

8　継承リンクに関しては、貝森・谷口(2017: 390–397)や Hilpert(2014: 57–60)を参照して下さい。

9　位置変化と状態変化の関連性は多くの文献で指摘されています。Jackendoff (1983)では、結果構文と使役移動構文は機能するドメインが異なるが共通の概念構造を持つとしています。

10　用法基盤モデルに基づかない構文文法には、意味的な特徴付けができないと思われるような FILLER-GAP 構文のような構文の存在を想定するものもあります（Fillmore et al. 2012 など）。

11　意味的な特徴づけをできない形式も構文と認めるなら、逆に形式的な特徴づけをできないゼロ形式のような構文も認めるべきという議論に発展する可能性もあるでしょう。

第8章　構文形態論

【キーワード】語形成、タイプ頻度、トークン頻度、類推、連続性
【扱う構文】語彙構文

　英国在住のコメディエンヌ Kotani Yuriko さんの演目の中に言語学的に大変興味深いものがあります。長年英国に住む Kotani さんは英国での体験に基づいた一人漫談(stand-up comedy)を披露していますが、人々の間で何気なく多用されている接尾辞の -ish に目を向けます。-ish の概念を表す語が日本語にはないため、日本に帰って母親と話した際に、Let' meet up at one-ish.(1 時過ぎ頃に会いましょう)とは言えないので、Let's meet up in-between 1:05 and 1:25.(1 時 5 分から 1 時 25 分の間に会いましょう)と言ったところ母親が困惑していたというエピソードを披露します。また、この -ish の考え方は英国に古くから根付いているため、人々は British(英国人)と呼ばれる(That's why people are called Brit-ish!)という落ちをつけます。

　Kotani さんが一人漫談で扱った -ish には語の性質に関して 2 つの興味深い点があります。1 つ目は、語の創造性(creativity)です。接尾辞の -ish は、典型的には名詞や形容詞に付いて childish や boyish のように「～のような」という意味を表しますが、非常に生産性が高く、one-ish のように本来は段階性が感じられないようなものや、Pale Ale-ish beer(ペールエールのようなビール)のように、句につくこともあります。様々な語や句と緩やかに結びつく -ish が気になっている観客は笑いに包まれます。2 つ目は、語の透明性(transparency)です。観客は言葉の乱れともとれるような -ish の自由な使用に触れた後、実は、自分の国籍自体が Brit-ish(英国人のような)と解釈でき

ることを指摘されます。聞き慣れた 1 つのまとまりである British の中にも -ish が使われていることに気づかされた観客は、予想を裏切る落ちに大笑いします。

第 8 章では、構文文法の観点から語がどのようにして形成され、どのような形で知識の中に蓄えられているかについて見ていきます。これまでの章では、語よりも大きな構文を扱ってきましたが、第 8 章では、語自体や語の内部の構造についても構文の観点から見ていきます。8.1 節では、屈折、派生、融合、複合語という現代英語における代表的な語形成の方法を見ていきます。語と語を組み合わせる方法に規則があるように、語の内部構造にも規則が見られます。8.2 節では、語のタイプ頻度やトークン頻度に注目しながら、構文文法が想定する形態論の基本的な考え方について見ていきます。8.3 節では、新しい形式がどのような場合に語として認定されるかについて見ていきます。新語は既存の語彙的な知識からの類推によって生まれます。8.4 節では、語の内部構造を扱う形態論と語の結びつきを扱う統語論には明確な線引きができない点を見ていきます。

8.1 代表的な語形成

最初に、現代英語における代表的な語形成の方法である、屈折、派生、融合、複合語が、構文文法においてどのように扱われているかについて見ていきます。

一つ目の語形成は、屈折 (inflection) です。屈折は語の文法的な変化であり、語が他の語との文法的な関係を表すために形を変えることを意味します。屈折が起こっても新しい語が生じるわけではなく、語基と屈折した形の品詞は同じです。一般的に、屈折によって変化した形は異形態 (allomorphy) と呼ばれます (例 dog に対する dogs や play に対する played)。文法・辞書モデルでは dog → dogs や play → played のように、語基から規則によって異形態が派生すると考えます。構文文法では、このような規則を、オープンスロットを持つ抽象的な構文として捉え直します。つまり、オープンスロットを持つ [N]-s や [V]-ed のような抽象的な構文 (スキーマ) の中に、名詞 (N)

の dog や動詞（V）の play 等の具体的な語が入ることで、dogs や played が認可されると考えます。英語の屈折に関わる構文には以下のようなものがあります。

表1　屈折構文の例

構文のタイプ	構文の形式	構文の具体事例
複数形構文	[N]-s	dogs, cats, chairs
s-属格構文	[N]'s [N]	John's {dog, cat, chair}
3 単現構文	[V]-s	plays, kicks, learns
過去時制構文	[V]-ed	played, kicked, learned
過去分詞構文	[V]-ed	played, kicked, learned
現在分詞構文	[V]-ing	playing, kicking, learning
語彙的比較級構文	[Adj]-er	smaller, taller, shorter
語彙的最上級構文	[Adj]-est	smallest, tallest, shortest

語の屈折については、規則によって屈折した語が生じるのか、あるいは構文によって生じるのかは大きな違いが無いように見えます。どちらの説明でも、語基に規則あるいは抽象的な構文が適用されることで、より複雑な構造を持つ語が出来ると考える点は同じです。ただし、もちろん、実際の言語知識はそれほど単純ではありません。動詞（hit-hit, spend-spent など）や名詞（ox-oxen, basis-bases など）には不規則な活用をするものもありますし、過去時制構文と過去分詞構文のように形式が同一になるものもあります[1]。

　二つ目の語形成は、派生（derivation）です。派生は既に存在する単語や語根に派生接辞をつけることで新しい単語を作ることを指します。英語の場合、派生を引き起こす接辞はおもに接頭辞と接尾辞に分かれます[2]。派生によってできる語は、read と readable, reader, readability のように、別の語とみなされます。派生についても屈折と同様に、語基に接辞が付くことで生じると考えることができます。つまり、reader, teacher, player, buyer などの語では、[V]-er のような構文の中に、動詞が現れることで生じると考えます。このような、[V]-er は意味とは無関係な統語上の規則ではなく、意味とも対応しているため構文とみなせます。例えば、Booij（2010: 2）では接尾辞 -er

は次のような形式と意味の対として捉えられるとしています。

（1）　[[X]ᵥ er]ɴ　──　'one who Vs'

抽象的な [[X]ᵥ er]ɴ 構文の [X]ᵥ の位置に様々な動詞が入ることで、reader, teacher, baker, player, buyer などの複数の形態素からなる語が誕生します。ただし、teacher がただの教える人ではなく教員を表すように、[[X]ᵥ er]ɴ 構文は「ある行為を職業または習慣にしている人(one who Vs habitually, professionally')という意味と結びついています。

　三つ目の語形成に、混成(blending)があります。混成は2つ(以上)の言語形式が結びついて新たな言語形式が生まれることを表します。出来上がった語は混成語(blends)あるいはかばん語(portmanteau)と呼ばれます。(2)は、かばん語の例です。

（2）　smoke ＋ fog → smog　　　　motor ＋ hotel → motel
　　　breakfast ＋ lunch → brunch　　spoon ＋ fork → spork
　　　shout ＋ yell → shell　　　　emotion ＋ icon → emoticon

混成では、一語目の前半と二語目の後半が結びついて新しい語ができます。また、中には、emoticon の icon ように、構成要素となる語の全体を含むものもあります。しかし、混成には一定の規則があります。それは音節を構成する頭子音(onset)、核(nucleus)、尾子音(coda)の中で、核と尾子音からなる脚韻部(rhyme)は分解されないという点です。Hilpert(2014: 78)では、brunch, spork, shell となり、*brench, *spoork, *shoull とならないのは、後者の場合、脚韻部が分解されているからと述べています。混成の場合、発音の難しさではなく、音節の構造によって語形成が制限されていると言えます[3]。

　四つ目の語形成に句全体が複合語となる句の語彙化があります。句の語彙化が起こると、句全体が1つの語のように機能します。(3)では、イタリックの部分が句複合語です。

第 8 章 構文形態論 135

（3）a. He is an *easy going* and *open minded* guy.

　　b. The NGO supports *me too* movement.

　　c. It flashed in his eyes for just a moment — a *what the hell are you doing*
　　　 look — but she ignored him.

　　d. *Behind-the-scenes* activities are likely to have taken more time.

句全体が複合語となっている場合、（3d）のようにハイフンでつながれることもあります。句複合語が後続する名詞を修飾する場合、複合語の最後の語の上に強勢が置かれます。この句複合語の特性を伝統的な文法・辞書モデルで説明する場合、統語論と形態論が関わるため説明が複雑になります。例えば、behind-the-scenes activities を例にすると、複合語の形成は形態論によって扱われる一方で、前置詞句を作る作業や、強勢が scenes に置かれるという作業は統語部門で行われるため、異なる部門の共同作業の結果、句複合語が生じることになります。一方、構文文法では、統語的な規則も形態論的な規則も構文のネットワークに蓄えられた抽象的な構文（あるいは、スキーマ）であるため、behind-the-scenes は、複数の構文によって認可される構文と言えます。

8.2　構文形態論の考え方

　では、構文文法による形態論（すなわち、構文形態論（Construction Morphology））の考え方を見ていきたいと思います。8.1 節でみたように、屈折、派生、混成、句複合語について、文法・辞書モデルは規則を用いて、構文文法は構文（スキーマ）を用いて説明しますが、規則であっても抽象的な構文であっても語がどのように出来上がるかについて説明をすることはできます。一方、構文文法と文法・辞書モデルでは、屈折した語や派生した語の扱いが大きく異なります。構文文法では、言語知識は言語使用の中から立ち現れると考えるため、言語使用の中で、使用頻度が高いなどの理由で十分な際立ちがある語形は、屈折や派生をした後の形であってもそれ自体がまとまりであり、言語知識の一部として蓄えられている構文であると考えます。

8.2.1 具体事例の扱い方

　最初に、動詞の read を例にして、派生した形である具体事例の扱い方を見ていきます。構文文法では、語基の read から拡張するとされる reads, reading, reader, readable なども十分に頻度が高い場合、その形式自体を構文として記憶に蓄えると考えます。例えば、readable が、単なる read と接辞 -able の組み合わせからなるわけではなく、全体が構文として記憶されていることは、readable に「読むことが可能」という接尾辞に共通の意味だけでなく、「読みやすい」という部分の意味からは導かれない全体の意味があることからも分かります。また、reader は「読んでいる人」という意味だけでなく、「習慣的に本を読む人」という意味も持ちます。さらに、reads, read（過去形）, reading などの屈折した形も構文としての地位があると考えます。read（過去形）は［réd］と発音するため、それ自体が記憶されていることが分かります。また、reading には「読むこと」という意味だけでなく、a man of wise reading（博学の人）、readings for children（子供向けの読み物）というような意味も見られます。

　派生した形が基底の形とは異なる振る舞いをするようになることを漂流（drifting）と言います。漂流は言語の話者が、個別の語形を記憶していることの証拠になります。つまり、派生した語が発話の場で作られるのではなく、語彙として記憶されているからこそ、その語に新しい意味が生じると言えます。漂流は屈折の場合でも見られます。means（手段）や arms（武器）のような意味はこれらの単数形の mean や arm には見られません。また、depths や widths には、depth や width には見られない、地理的な概念を指す意味が定着しています（嶋田 2017）。concerning, considering, provided, given などの前置詞化した現在分詞も漂流の一種として捉えられるでしょう。

8.2.2 タイプ頻度とトークン頻度

　このように、構文文法では、複雑な語を作る抽象的な構文（いわゆる、スキーマ）だけでなく、その具体事例となる屈折形や派生形についても十分に

第 8 章　構文形態論　137

頻度が高い場合は、構文として蓄えていると考えます。言語の話者は具体事例と抽象的な構文の双方をともに言語知識として蓄えているというのが構文文法の主張です。

　ここで、具体事例と抽象的な構文がどのように獲得されるかについて考えてみます。頻度が高い言語表現についてはそのまま記憶されるという点についてはこれまでに見てきましたが、頻度と言っても、タイプ頻度とトークン頻度に分けることができます。タイプ頻度とは、ある形式の中の、置き換え可能な部分（スロット）に入る種類の数のことです。例えば、英語の規則動詞の過去形について考えていくと、［V-ed］のような形式で現れる V の位置に現れる動詞の種類がタイプ頻度となります。タイプ頻度が高く様々な語が -ed で終わる場合、walked, played, kicked などに共通する -ed の部分が抽象化されて［V]-ed のようなスキーマが形成されます。一度スキーマが形成されると、それが新語にも適用されて、googled, facebooked のような新しい表現が生まれます。一方、トークン頻度は、表現自体の頻度です。walked や played など個別の形式それぞれの出現頻度がトークン頻度と呼ばれます。トークン頻度が高い場合、表現自体が多用され目立つため、表現がそのまま記憶されます。タイプ頻度とトークン頻度の高さが言語に与える影響は表 2 のようにまとめられます。

表 2　タイプ頻度・トークン頻度と構文の定着

	タイプ頻度が高い	タイプ頻度が低い
トークン頻度が高い	スキーマが形成される 具体事例が記憶される	具体事例が記憶される
トークン頻度が低い	スキーマが形成される	知識として記憶されない

　ここで、タイプ頻度とトークン頻度が語形成に与える影響を考えるため、英語の動詞の活用に関する質問を 2 つします。1 つ目は、英語の動詞の中で最も不規則的な活用をする動詞は何かです。2 つ目は、英語の動詞の中で不規則な活用をする動詞の多くに共通する点は何かです。1 つ目の質問に答えると、英語の中で最も不規則な活用をするのは、be でしょう。人称、時制、法によって、be, been, am, are, is, was, were などに変化をします。be はトーク

ン頻度が非常に高い動詞です。また、2つ目の質問に答えると、英語の不規則活用の動詞の多くが、トークン頻度が極めて高い基本的な動詞です。そのため、多くの不規則動詞（go, come, get, take, have, make など）は、英語学習でも初期に習うことになります。

　一方、不規則活用の動詞であっても、トークン頻度がそれほど高くないものについては、各語形が構文としての地位を持たなくなるようになり、規則活用に吸収されていく傾向が見られます。例えば、dreamt, dwelt, misspelt, smelt などのトークン頻度の低い不規則動詞の活用形は、具体的な構文としての地位が弱まり、dreamed, dwelled, misspelled, smelled などタイプ頻度が高いスキーマの ［V］-ed が適用されるようになってきています。

8.2.3　形態論の段階性

　また、語が使用される頻度の高さは語の内部構造の認識にも影響を与えます。本章の冒頭で挙げた、British と one-ish を比較すると明らかですが、British の場合はほとんど内部構造が意識されない一方で、one-ish の場合は、2つの形態素からなっていることが意識できます。一般的に、頻度が高くなるほど、全体としてのまとまりが強くなり、部分の際立ちが低くなります。余談になりますが、語形成の一種である頭字語（acronym）は、WHO, NATO, CNN のように、一般的に、大文字で記されます。しかし、頻度が高くなり繰り返し使われる語の中には、内部構造が見えなくなり、laser（light amplification by stimulated emission of radiation）のように小文字で表されるものも出てきます。

　もう1つ、govern/government/settle/settlement という4つの語を使って、語の内部構造の段階性を見ていきたいと思います。この4つの語は、単純語に規則が適用されることで複合語が派生するという伝統的な言語観では、2つのグループに分けられるでしょう。つまり、govern/settle は1つの形態素からなる単純語であるのに対して、government/settlement は2つの形態素からなる複合語と言えます。しかし、英語話者の直感によると、government と settlement では接尾辞と語基の結びつきの強さに関して段階性があるとい

う報告があります(Hay and Baayen 2005)。つまり、英語の話者にとっては、government は内部構造が見えにくく単純語のように認識されるが、settlement は settle + ment という内部構造が見えやすいため、settlement の方は複雑に見えるというものです。

図1　複合語における内部構造の際立ちの違い

このように、複合語においてどの程度複合的と感じるかは段階的なものとして捉えられます。つまり、同じ数の形態素からなる語であっても、部分が目立つ場合は語が複合的な構造を持つと感じる一方で、全体が目立つ場合は単純な構造を持つと感じると言えます。このような全体と意味の関係は語の内部だけでなく、統語論で扱うような句にも見られます。句全体のまとまりが強くなり、部分の際立ちが弱くなった句は一般的にイディオム表現と呼ばれます。

8.3　構文形態論に基づく語形成

8.3.1　ネットワーク

　構文形態論の概要に続いて、本節では、構文形態論ではどのようにして、新しい語が形成されると考えているかについて見ていきます。この議論をするためには、話者の語に関する知識がどのようにして記憶されているかについて確認する必要があります。7章でみたように、構文文法では、人間の言語知識は構文が相互に結びついたネットワークからなると考えます。これは語彙のレベルでも例外ではありません。十分な頻度で使われた形式はそれ自体が他の要素と関連付けながら記憶されます。例えば、plays, played, player, playable のような具体事例は、十分な頻度で用いられるため、それぞれの語形が記憶され構文のネットワークにおいて play と部分関係のリンク(subpart link)によって繋がっていると考えられます。下位リンクによってつながっ

ているため、語と語の間には意味の類似性が見られます[4]。

屈折や派生によって出来た語であっても十分な頻度で用いられる場合、具体事例全体が記憶されるという考え方は、英語の実情に合っています。一例を挙げると、英語には語形変化表の中で既定の形を定めるのが難しい語が存在します。例えば、national-ism と national-ist を例にすると、national という語基に接尾辞の -ism や -ist が付加するとみなすことができる一方で、de-ism/de-ist、fasc-ism/fasc-ist、solips-ism/solips-ist の場合、*de-、*fasc-、*solips- のような語基となる語が独立しては存在しないため、語基から派生したとは言えません。

他にも、語形成には、逆成(back-formation)と呼ばれものも存在します。通常の語形成では、単純な形式に何らかの要素が付加されることで、より複合的な語が生成されますが、逆成では、より複雑な形式からより単純な形式が誕生します。逆成の例には、edit(editor から)、sightsee(sightseeing から)、transcript(transcription から)などがあります。逆成の場合、派生した形の方が、基底の形よりも複雑ということになってしまいます。

8.3.2 類推による語形成

先に挙げた、複合語の de-ism のような例は、語基が実際には存在しないため、語基に規則を適用することで複合語ができるとする従来の派生による形態論の反例になります。また、逆成の場合、複雑な形式から単純な形式が誕生するため、一般的な派生とは逆の、少数の語のみに適用される制約を設定する必要があります。しかし、構文文法では、複雑な語(つまり、全体の構造)がその構成要素に先立って存在することを認めるため、語基が実際の語として存在しない場合も問題になりません。また、sightseeing から sightsee という動詞が派生する逆成の場合も、話者は構文として、[V]-ing のような抽象的な構文(スキーマ)と going, visiting, traveling などの具体的な構文に関する知識を持っていると考えるため、すでに知っている構文との類推によって再分析(reanalysis)が起こり、他の動名詞と同様に、sightseeing も sightsee + ing という2つの要素に分けられるようになると説明することが

できます。

　構文文法では、記憶に蓄えられた様々な表層形(つまり、具体事例)と派生した形式が十分に類似している場合、新しい語が誕生すると考えます。参考として、Hay and Baayen(2005)が示した、語の表層形の体系的なネットワークの一部を見てみましょう。

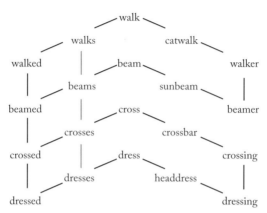

図2　英語の話者が持つとされる語のネットワークの一部

　図2は英語の話者の言語知識の一部を図示したものです。英語の話者は、単純形以外の形態的に複雑な語であっても、言語使用において使用頻度が高いなどの十分に目立つものに関しては記憶をします。また各事例はリンクによって結ばれネットワークを形成しています。言語学的には、中央の列にある walk、beam、cross、dress を中心として、左側の斜めの結びつきを屈折、右側の斜めの結びつきを派生と区別することができますが両者は記憶に蓄えられているという点では同一です。また、構文文法では、記憶された表層形の間にも関係が結ばれると考えます[5]。例えば、walked、beamed、crossed、dressed などは表層的な類似性に基づいて関連して記憶されています。この関連性は縦線で示されています。構文文法では、縦線の結びつきの多さが接辞の生産性に関係すると考えます。縦線の結びつきの多さは接辞がどれくらい多くの表層形と結びついているか、すなわち、各接辞が共起する語のタイプ頻度を表します。多くの表層形と結びつくと、その中の共通部分である接

辞の際立ちが高くなり、結果としてその接辞が他の語にも適用されやすくなります。

　ここで、新語に接辞を適用する例として、-ed、-er、-th の 3 つの接辞について考えてみましょう。表層形との結びつきの多さ(すなわち、タイプ頻度)を見ると、-ed は多くの動詞と結びき、-er はある程度の動詞と結びつき、-th は growth などごく一部の動詞とだけ結びつきます。この結びつきの多さが生産性に反映されると考えると、-ed はほとんどの新動詞、-er はある程度の新動詞に結びつく一方で、-th が新動詞に付くことは考えにくいと予測することができます。

8.4　形態論と統語論の連続性について

　最後に、形態論と統語論の連続性について考えていきます。伝統的に、言語学では、語と語の組み合わせを扱う統語論と語の内部の構造を扱う形態論は異なる分野とみなされてきました。一方、言語類型論的に見ると、すべての言語に両部門が同じように見られるわけではありません。言語の中には孤立語と呼ばれる 1 語が 1 形態素からなる言語や、複統合語(polysynthetic languages)と呼ばれる 1 語が非常に多くの形態素からなる言語が存在します。孤立語では 1 語が 1 形態素からなるため形態論で扱う現象が少なくなり統語論で扱う現象が多くなりますが、複統合語では 1 語の中に複数の形態素が含まれるため、形態論で扱う現象が多くなると同時に、統語論で扱う現象が少なくなります。これらの言語が示唆するのは、統語論と形態論が扱う現象にはかなりの重複があることと、語に対する句や文の区別は必ずしも明確に線引きできるものではないということです。語と句や文の区別が難しいため、それらをひとまとめに扱う形態統語論(morpho-syntax)という用語もあります。

　英語についても、形態論と統語論で扱う現象は必ずしも区別できるものではありません。両部門が扱う典型的な事象を挙げることはできますが、形態論と統語論は排他的な部門というより、緩やかな連続体をなしているものとして捉えることができます。文法・辞書モデルと用法基盤モデルによる、形

態論と統語論の捉え方を見ます。

図3　文法・辞書モデルの考え方　　図4　用法基盤モデルの考え方

　用法基盤モデルの立場から見ると、形態論と統語論には様々な共通性が見られます。形態論で扱う現象も統語論で扱う現象も、言語使用の中で繰り返し生じるパターンが定着することで誕生します。パターンの中でタイプ頻度が高い場合、抽象的な構文が誕生します。例えば、統語論で扱う二重目的語構文や there 構文、形態論で扱う屈折接辞の［V］-ed や接尾辞の［N］-ish などは、タイプ頻度の高さによって、定着します。一方、トークン頻度が高い場合、不規則的な形が定着しやすくなります。統語論で扱うイディオムや、形態論で扱う不規則動詞にはトークン頻度が高いものが多く見られます。

　また、形態論と統語論では分野横断的な現象が見られます。例えば、8.1節で挙げた句複合語の behind-the-scenes は、全体が複合語であるため形態論で扱う現象である一方で、behind the scenes の語順や、behind-the-scenes effect の scenes に強勢が置かれるという特徴は統語論によって説明がなされてきました。さらに、the behind the scenes-ish part(舞台裏的な部分)のように behind the scenes に接尾辞の -ish をつけると、句全体に -ish が付くことになり、形態論と統語論の関わりがいっそう複雑になります。

　英語学で長年論じられている群属格も句全体が属格となる点で、形態論と統語論が交わりあう例です。

（4）　The kind of England's daughter.

(4)の属格は England という語に付くのではなく、The kind of England という句全体についています。つまり、's は語に接続する純粋に形態的な単位というよりは、句に接続する統語的な単位とみなせます。

　また、通時的な視点では、統語論と形態論の連続性は明らかです。文法的な要素は繰り返し使われる中で、形態論の一部となっていきます。現在進行

中のものを例に挙げると、be going to ＞ be gonna ＞ gonna のような助動詞化や、I'll, She's のような縮約形では、元々は統語的な現象だったものが形態論に入り込んでいます。

　第 8 章では、構文文法の観点から形態論について見てきました。構文文法では形態論と統語論の間に厳密な区別をせず、両者はともに、形式と意味の対からなる構文として記述ができると考えます。一方、constructions が構「文」と訳されるように、これまでの構文文法の研究では、統語レベルの構文に関する研究が盛んである一方で、語の内部の形態論に関する構文研究の注目度は高くありませんでした。文法的な構文と語彙的な構文が実際に同等の特徴を持つのか、あるいは、文法と語彙が連続的だとしても両者が典型的に扱う現象では特徴が異なるのかというような、語彙的な構文と文法的な構文の共通性と相違性については、今後、構文文法が類型論的な観点も取り入れながら取り組むべき課題と言えます。

■　問題
1　屈折と派生はどのような語形成かそれぞれ説明してみよう。
2　逆成とはどのような場合に生じる語形成であるか、類推という語を用いて説明してみよう。
3　タイプ頻度とトークン頻度を定義してみよう。また、両者はどのように構文に関する知識の形成に関わるか考えてみよう。
4　dreamt、dwelt のような不規則動詞が dreamed、dwelled のような規則動詞になりつつあるのはなぜか考えてみよう。
5　short-haired、two o'clock-ish、scar-faced のような語形成はどのような点で特徴的と言えるか考えてみよう。
6　構文的な視点を形態論に導入することにはどのような利点があるか考えてみよう。

■　読書案内
　構文形態論については Booij(2010, 2013)で詳しく紹介されています。また、Hilpert(2014)の 4 章でも簡潔にまとめられています。日本語で読める

認知言語学的な音韻論や形態論の概説書には吉村(2003)や上原・熊代(2007)があります。

1 本書では紙面の都合上、形態論に関する詳しい説明はできません。形態論については Dixon(2014)、構文形態論については、Booij(2010, 2013)等を参照してください。
2 西川(2006)では、155 の接頭辞、133 の接尾辞が挙げられているように、英語には多くの接辞があります。
3 この一般化の唯一の例外として、Hilpert(2014: 78)は Spanglish を挙げています。Spanglish は Spanish と English の混成語ですが、English の脚韻部が分解されているため、Spenglish ではなく Spanglish となっています。
4 7.3.2 節で見たように、部分関係のリンクは項構造構文にも見られます。例えば、John broke the glass と John broke the glass into pieces では、主語が行為者であり、主語が行う行為が、目的語が表す被行為者に影響を与えるという点で類似性が見られますが、この類似性は他動詞構文と結果構文が部分関係のリンクによって関連するため生じると考えられます。
5 [V]-ed や [V]-er のような抽象的な構文が表層形における類似性に基づいて一般化され抽出されるのは、類似する部分を持つ表層形が関連付けて記憶されているからと言えます。

第9章　構文と文法機能

【キーワード】文法標識、品詞、文法関係、イメージ・スキーマ

　私が大学院生の時、日本語の授業のティーチング・アシスタントとして、日本語を勉強し始めたばかりの留学生に一対一で日本語を教える機会がありました。日本語の勉強に熱心な留学生は色々な単語の意味について聞いてきます。例えば、「私のおばは長野に住んでいました。」という文では、「おば」はどのような人ですかとか、「長野」はどこにあるのですかという質問を受けました。一方で、「おば」「長野」より、明らかに出現頻度が高いであろう、「の」とか「た」の意味は何ですかと聞かれたことはありませんでした。もしかしたら、留学生は、「の」や「た」の意味を知っていたのかもしれませんが、私はひそかに「の」や「た」の意味は何ですかと聞かれなくてほっとしていました。今でも私は「の」の意味を聞かれると、「英語の of に近いかな」とか、「いわゆる属格のことだよ」など、曖昧にごまかして答えることしかできないかもしれません。また、有名な「象は鼻が長い」や「カキ料理は広島が本場だ」のような例文を見せられて、主語は何ですかと言われても正直困ってしまいます。「は」は主題標識で、「が」は主語の標識などともったいぶって言っても、言い換えているだけで、正直、何の説明にもなっていないでしょう。

　第9章では、文法標識(屈折、活用、機能語、語順など)、品詞(名詞、動詞、形容詞など)、文法関係(主語、目的語など)という抽象的な3つの文法的なカテゴリーを構文の観点から見ていきます。これらの文法カテゴリーは、構文の中でも、抽象性が非常に高い構文に分類されます[1]。例えば、

「の」や「た」のような文法標識はまだ形があるので、多少の具体性があります。品詞（名詞や動詞など）や文法関係（主語や目的語など）にいたってはカテゴリー全体に共通する形式がありません。さらに、文法カテゴリーはカテゴリー全体に共通する意味的な特徴を捉えることが難しいため、文法書などでは、統語的な振る舞いによってカテゴリーが認定されています。対照的に、構文文法では、これらのカテゴリーも形式と意味の対からなる構文と考えます。つまり、文法カテゴリーも他の構文と同様に、言語使用において繰り返し使用されるパターンから抽出され、言語知識の一部として定着していくものとみなします。

　第9章では、9.1節で、伝統的な言語学における文法標識、品詞、文法関係の扱いを批判的に検討します。9.2節から9.4節では、文法標識、品詞、文法関係を構文の観点から見ていきます。これらの文法カテゴリーを捉えるには、プロトタイプ・カテゴリーの考え方を採用する必要があります。9.2節では、文法標識の例として、英語の時制と疑問文について見ていきます。9.3節では、おもに認知文法の観点から、品詞が表す意味について検討していきます。9.4節では、文法関係の代表例として主語が持つ性質について見ていきます。また、9章のまとめとして、文法標識、品詞、文法関係のような抽象性が極めて高い構文を、話者は本当に言語知識として持っているのかについて簡単な考察をします。

9.1　文法カテゴリーに対する従来の考え方

　言語学にはカテゴリーに関して、二種類の対照的な捉え方があります（6.4節を参照）。1つ目は、古典的なカテゴリーで、2つ目がプロトタイプ・カテゴリーです。古典的カテゴリーは長年、言語学で広く採用されてきたカテゴリー観です。古典的カテゴリーは必要十分条件によって定義づけられるため、カテゴリーの境界は明確であり、カテゴリーの成員は対等となります。例えば、「素数」というカテゴリーは「1およびその数自身のほかに約数を有しない正の整数」という必要十分条件によって規定されるため、素数である要素と素数ではない要素は明確に区別できます。

古典的カテゴリーを用いて文法カテゴリーを記述する場合、文法カテゴリーには(1)のような特徴が見られると想定されます。

（1）　古典的カテゴリー観による文法カテゴリーの捉え方
　　　①　文法カテゴリーの境界は明確であり、成員は均質的である。
　　　②　文法カテゴリーは排他的なカテゴリーである。
　　　③　文法カテゴリーは文法的な特徴によってのみ定義される。

例えば、品詞の一種である名詞を例にして文法カテゴリーについて考えてみましょう。「名詞」という文法カテゴリーに入る要素は、共通の特徴を持ち、動詞や形容詞に分類される要素とは明確に区別されます。このような名詞カテゴリーの特徴づけは、意味というあいまいな特徴を排除して、文法的な特徴によってなされます。英語の名詞であれば、主語の主要部になれるという統語的な特徴や、複数形の -s が付くといった形態的な特徴によって定義されます。必要十分条件によって特徴づけられたカテゴリーの境界は明確であり、名詞は、動詞、形容詞、前置詞などの他のカテゴリーとは重ならないカテゴリーを形成します。

　一方、2つ目のプロトタイプ・カテゴリーは、認知言語学や構文文法をはじめ、言語の機能に注目する多くの言語学で採用されています。プロトタイプ・カテゴリーでは、カテゴリーは中心的な成員から周辺的な成員へと放射状に広がると考えます。そのため、すべての成員が同じ性質を持つわけではなく、カテゴリーの境界はあいまいになり、カテゴリーは他のカテゴリーと重なることもあります(例「野菜」と「果物」)。

　構文文法では、2種類のカテゴリー観の中で、プロトタイプ・カテゴリーの観点から文法カテゴリーを捉えようとします。すなわち、すべての成員に共通する特性が存在するわけではなく、共通性は中心的な成員にのみ見られると考えます。さらに、構文文法では、文法カテゴリーに対して、従来のように形式的な特徴づけをするだけでなく、意味的な特徴づけをすることも可能であると考えます。ただし、ここで言う意味には、認識する世界の事態に関する客観的な意味だけでなく、事態をどのように把握するかという主観的

な意味も含まれます(9.3 節を参照)。事態を認識して言語化する話者の役割を考慮して、言語カテゴリーをプロトタイプ・カテゴリーの観点から捉えることで、文法機能についても、形式と意味の対からなる構文という観点から統一的に記述をすることができるようになります。

9.2　文法標識

　最初に、文法機能を持つ構文の中でも抽象性が比較的低いと考えられる文法標識を見ます。文法標識には、文法関係を表す形態素(接辞など)、機能語、語順などが含まれます。文法標識は、品詞や文法関係とは異なり、-ed、-s、of のように、明確な形式を持つ形態素からなるため、具体性が高くなると言えます。よく知られているように、語には、固有の独立した意味を持つ内容語と、文の要素間の文法的な関係を表す機能語が存在します。従来の言語学では、前者が語彙として、後者が文法として扱われてきました。言い換えると、内容語は意味を持つ要素である一方で、機能語は意味とは無関係であり、文をどのように組み立てるかに関わる要素とみなされてきました。しかし、構文文法では、機能語などの文法標識も形式と意味の対からなる構文の観点から捉えようとします。

9.2.1　時制

　最初に、文法標識の例として、時制について見ていきます。英語には現在と過去という 2 つの時制があることは知られています。それぞれの時制の意味は「現在形」や「過去形」という呼び名からも分かるように、発話の場に流れる時間に対して、事態がいつ起こるのかと関連します。一般的に、現在形は、発話時に事態が起こっていることを表すのに対して、過去形は発話時点より以前に事態が起こっていることを表すとされます。しかし、時制はそれほど単純ではありません。

　例えば、英語の過去形は多くの場合、過去に起きた事態を表しますが、過去以外にも、実際には起きていない事態を表すために用いられます。

（2）a.　I went to the park yesterday.（私は昨日公園に行きました）

　　b.　He was born in 1995.（彼は 1995 年に生まれた）

（3）a.　I wish I knew the answer.（答えが分かったらなあ）

　　b.　If I had enough time, I could join the party tonight.（もし十分時間が
　　　　あったら、今夜パーティに行くのに）

（4）　In the year 2101, war was beginning.（2101 年、戦争が始まった）

(2)は過去に生じた事態を表しますが、(3)(4)は過去の事態を表しているわ
けではありません。(3)では現実とは反する事態が、(4)では物語の中の未
来に起こる事態が過去形によって表されています。このような過去形の多様
な用法に直面した従来の言語学は、すべての成員に共通する意味的な定義が
難しいため、意味的な定義をせず、-ed が付加するなどの形式的な観点から
過去形を特徴づけてきました[2]。

　しかし、構文文法では、過去形に対しても形式面だけではなく意味の面か
らも特徴づけをしようとします。もう一度、(2)-(4)について見てみると、1
つの共通点が見えてきます。それは、(2)-(4)の例は、現在時から離れた時
間(distant tense)の中で起こっている事態を表しているという点です。(2)は
現在時から見た直示的な過去(past tense)を表しています。(3)では、現実と
は異なる仮想的な世界における現在時が過去形によって表されていますが、
過去形が表すのは、現実世界からは離れた世界の時間における現在時です。
(4)の物語の中で流れる時間も現在時とは離れた時間の流れです。そのた
め、意味の面から過去形を定義すると、発話時点より以前の時間を表すとい
うプロトタイプ的な定義と、現在時とは離れた時間を表すというスキーマ的
な定義によって特徴づけられます。過去形が現在時から時間的に離れた時を
表す時制であることは、過去形が、(5)のように、語用論的な緩徐表現として
使われることからも支持されます。

（5）a.　Could you pass it to me?（それを取ってください）

　　b.　Excuse me, but I wanted to ask you something.（すいませんが、お願
　　　　いしたいことがあります）

(5)は丁寧な依頼を表すとされますが、この丁寧さは、現在形から時間的な隔たりがある過去形を使うことで、事態の間接性が上がるため生じると考えられています。日本語で問題とされる表現に、コンビニの店員などが多用する「よろし<u>かった</u>ですか」がありますが、これも「よろしいですか」では、直接的、高圧的と考えた若い店員たちが、少しでも表現を丁寧にするため、無意識のうちに間接的な過去形を使ったことから生まれた表現ではないでしょうか。

　過去形と同様に、現在形も多義的な構文として捉えられます。現在形には、現在時を表す(6)だけではなく、多様な使用が見られます。

（6）　I live in Tokyo.（私は東京に住んでいます）

（7）　Washington stands with his head bowed. He looks up and begins to speak.（ワシントンは頭を下げて立った。視線を上げ話し始めた）

（8）　Messi passes the ball to Ronaldo, and he shoots. It's a goal.（メッシがロナウドにパスし、ロナウドがシュートを打った。ゴールだ。）

（9）　I leave for Tokyo tomorrow.（私は明日東京に出発する）

（10）　Two plus two equals four.（2 たす 2 は 4 だ）

(6)は現在生じている事態を表しており、典型的な現在形と言えます。(7)は歴史的によく知られた過去の事態を表しています。(8)は実況中継の一部です。実況中継では目の前で起こった動作について語るので、動作自体は過去に生じています。(9)では、事態が生じるのは未来であり、現在ではありません。(10)は現在時に起こっている事態を表すわけではなく、時制には縛られない不変の真理を表しています。(7)–(10)が表すように、一見すると、現在形が表す意味には一貫性がないようにも思えますが、現在形も多義的な構文として捉えることができます。つまり、現在形は現在あるいは現在と同じくらい確実に起こる事態を表す時制として意味的に定義ができます。(7)では、過去のことであっても、歴史的な出来事が、あたかも現在見ているかのような意識で述べられています[3]。(8)では、直前に起こった動作をあたかも現在起こっているように描写することで、試合の臨場感を表してい

ます。(9)は現在、実際に起っているのと同じくらい確実に起こると考えられる未来を表しています[4]。(10)は時間の流れとは独立していつでも成り立つ関係ですが、同時に、現在時でも成り立っています。

このように、時制の意味に注目すると、現在形と過去形は、プロトタイプ的な特徴づけでは、それぞれ現在と過去に起こった事態を表しますが、スキーマ的な特徴づけをすると、現在形は現在時から近い時間を表す時制、過去形は現在時からは離れた時間を表す時制に分類することができるでしょう。

9.2.2 Yes-No 疑問文

文法標識の中には、接辞などの形態素ではなく、語順によって文法的な要素を表すものもあります。ここでは、例として、Yes-No 疑問文について見ていきます。伝統的には、Yes-No 疑問文は、Is that yours? や Did you go there? のように、主語と助動詞に倒置が起きて助動詞・主語の語順になるという形式面での特徴によって捉えられています(Taylor 2003: 181–184)。一方、意味に注目すると、疑問文は内容が真実かどうかを確認する機能を有していると言えます。しかし、陳述文であっても文末が上昇イントネーションになると疑問文と同様に真偽を確認する機能を持つようになることや、疑問文であっても内容の真偽の確認ではなく、聞き手に対する依頼を表す(11)のような使用が広く見られることから、Yes-No 疑問文に対して意味的な特徴づけは難しいと考えられてきました。

(11) a.　Can you tell me the time?(今何時ですか)

　　 b.　Would you pass me the sugar?(砂糖を取ってもらえますか)

　　 c.　May I have your attention?(ちょっと注目してください)

(11)の各例において、疑問文は内容の真偽を確かめるためではなく、聞き手に対して何らかの依頼を行うために使用されています。それは、各文の文末に、依頼の際に使われる please を加えられることからも分かります。

一方、プロトタイプ・カテゴリーを採用する構文文法では、Yes-No 疑問

文は、典型的な意味として内容の真偽を確かめる機能を持っている構文として捉えることができます。同時に、言語使用の中から構文が立ち現れ定着すると考えると、言語使用の中で、Yes-No 疑問文は頻繁に依頼をする際に使われるため、依頼をするという機能も、Yes-No 疑問文という形式と結びつく多義の一部として定着していると考えます[5]。

また、Yes-No 疑問文のカテゴリーの境界に関して、Givón(1986)では、命令文と Yes-No 疑問文という 2 つのカテゴリー間の連続性を示しています。

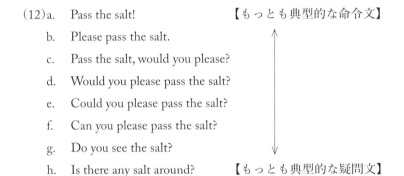

(12) a. Pass the salt! 　　　　　　【もっとも典型的な命令文】
　　 b. Please pass the salt.
　　 c. Pass the salt, would you please?
　　 d. Would you please pass the salt?
　　 e. Could you please pass the salt?
　　 f. Can you please pass the salt?
　　 g. Do you see the salt?
　　 h. Is there any salt around? 　　【もっとも典型的な疑問文】

典型的な命令文である(12a)と典型的な疑問文である(12h)の境界はあいまいであり、両者の間には、両方の特性を持つ様々な文が見られます[6]。

9.3 品詞

次に品詞についてみていきます。品詞は特定の形態素あるいは語順に対応する文法標識に比べて、明確な形式がないため、文法標識よりも抽象的と言えます。近年の言語学では、品詞は文法的に定義されてきました。例えば、名詞の場合、複数語尾の -s をとる、定冠詞の後ろに生じるというような形式的な特徴から定義がなされます。一方、名詞には「物の名前を表す」という意味的な定義もありますが、このような意味的な定義は、定義を満たさない抽象名詞(air, concert, occurrence, exhibition など)が存在することや、(13)のように同一と考えられる事態を異なる品詞で表現される例が指摘され、否

第 9 章　構文と文法機能　155

定的にみなされてきました。

(13)a.　He walked in the park.

　　b.　He had a walk in the park.

(13)の(a)と(b)の文はともに「彼が公園を歩いた」事態を表します。「歩く」行為は、(a)のように動詞で表すことも、(b)のように名詞で表すこともできます。

　しかし、構文文法では、形式的な定義づけによって規定される伝統的な品詞の扱い方には問題があると考えます。1つ目の問題は、品詞を形式的に定義できたとしても、その定義が品詞のすべての成員に当てはまるわけではないことです。例えば、名詞では、広く知られているように、複数形にはならない不可算名詞や、定冠詞とは結びつかないものも存在します(everything, anything など)。一方で、定冠詞 the の後には形容詞なども現れるため、the の後に現れることが名詞を認定する条件にはなりません(Why did the old scold her?)[7]。2つ目の問題は、主観的な意味の存在を軽視していることです。人間は事態をありのまま認識するのではなく、主観的に認識します(6章参照)。事態のありようだけでなく、事態の認識方法も意味に加えることで、品詞の意味的な特徴づけが可能になってきます。

9.3.1　品詞の意味的な特徴づけ

　では、構文の観点から品詞の特徴を見ていきたいと思います。品詞の意味的な特徴は、事態をどのように認識するのかという主観的な意味を考慮することで捉えることができます。最初に、名詞と動詞について見ていきます。名詞と動詞は同一の事態を表すこともあるとされます。例えば、「爆発する」という事態は、動詞の explode でも名詞の explosion でも表すことができます。しかし、爆発という事態をどのように認識するかという主観的な意味に注目すると explode と explosion では、事態の捉え方に違いがあることが分かります。動詞 explode の場合、爆発するという事態を時間の経過とともに

追って認識していきますが、名詞 explosion の場合、爆発という全体を一枚の写真のようなまとまりとして認識していると言えます。このような違いに対して、認知文法論では、イメージ・スキーマ[8]を用いて品詞の意味を視覚的に捉えることにより、異なる品詞によって言語化される語の意味の差異を捉えようとします(Langacker 2008 など)。つまり、認知文法論ではある事態を認識する際に、時系列に沿って展開していく事態の過程に焦点を当てることで動詞が、事態全体をまとまりとして捉えることで名詞が使用されるようになると考えます。展開をしていく事態の過程に注目した捉え方は順次的走査(Sequential Scanning)と、事態をまとまりとして捉える方法は総括的走査(Summary Scanning)と呼ばれます。

図1　順次的走査　　　図2　総括的走査

図1と図2における円は事態の各場面、矢印は時間の流れ、太線は言語の使用者が注目する部分を指します[9]。図1の順次的走査では、時系列に沿って発展する事態が注目されています。一方、図2の総括的走査では、時間に沿った事態の展開ではなく事態全体が1つのまとまりとして注目されています。

9.3.2　名詞の下位分類

　イメージ・スキーマを用いると、名詞の下位クラスが持つ構文的な特徴を捉えることもできます。例えば、名詞は可算名詞と質量名詞に大別できます。Langacker(2008: 131)では、可算名詞と質量名詞に関してイメージ・スキーマを用いて以下のように記しています。

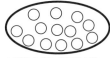 

可算名詞　　　可算名詞（複数形）　　　質量名詞

図 3　可算名詞、可算名詞（複数形）、質量名詞のイメージ・スキーマ

　一般的に、可算名詞と質量名詞は対照的なものとされますが、図 3 が示すように、可算名詞と質量名詞を視覚化すると、可算名詞(単数形)(例 diamond)に対して、可算名詞(複数形)(例 diamonds)と質量名詞(例 gold)の性質が近いことが示唆されます。単一の存在からなる可算名詞に対して、複数形の可算名詞と非複数形の質量名詞は複数の要素からなるまとまりを構成します。
　この可算名詞(複数形)と質量名詞の性質の類似性は、文法的な振る舞いによっても裏づけられます。(14)を見てください。

(14) a.　They're looking for {*diamond / gold / diamonds}.
　　 b.　a {diamond / *gold / *diamonds }
　　 c.　most {*diamond / gold / diamonds }
　　 d.　all　{*diamond / gold / diamonds }
　　 e.　a lot of {*diamond / gold / diamonds }　　　　（Langacker 2008: 130）

(14)が示すように、可算名詞(単数形)の diamond に対して、可算名詞(複数形)の diamonds と質量名詞の gold の振る舞いが似ています。例えば、複数形への派生や冠詞 a との共起が可能なのは、可算名詞(単数形)だけです。一方、可算名詞(単数形)だけが数量詞の most、all、a lot of と共起できません。この様な対照的な振る舞いは、図 3 の可算名詞(複数形)と質量名詞のイメージ・スキーマ間の類似性から予測されます。同時に、図 3 は、可算名詞(複数形)と質量名詞では、ある種の数量詞との結びつきに違いが見られることを予測します(those diamonds と that gold、many diamonds と much gold、several diamonds と *several gold)。つまり、可算名詞(複数形)の場合は構成要素にも一定の際立ちがあるので、構成要素を数える数量詞と共起す

ることができますが、質量名詞では、構成要素に際立ちがないため、構成要素を直接修飾する数量詞とは共起しません。

認知文法論ではこのような形式と意味の振る舞いから、名詞の下位カテゴリーに対して、以下のような分類を行っています(Langacker 2008: 130)。

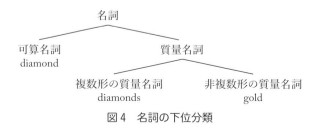

図4 名詞の下位分類

可算名詞を複数化することは、可算名詞を質量名詞のようにまとまりとして捉える行為と言えます。認知文法が提案する名詞のこの下位カテゴリーは、伝統的な分類とは異なりますが、(14)で示されるような文法的な特徴づけと、図3が示すようなイメージ・スキーマを用いた意味的な特徴づけによって支持されます。そのため、図4で示される名詞の3つの下位カテゴリーは、それぞれが形式と意味の対からなる構文の一種とみなすことができます[10]。

9.4 文法関係

最後に、文法関係についてみていきます。文法関係とは、名詞句が述語と結ぶ主語や目的語などの関係のことを言います。文法関係も品詞と同様に、明確な形がないため、非常に抽象的な構文と言えます。

9.4.1 主語

主な文法関係の1つに主語があります。主語は、古典的なカテゴリー観に基づく辞書・文法モデルでは、意味的な定義が難しく、形式によって規定されるものと考えられています。例えば、「主語は行為者を表す」という意

味的な定義をしても、Joe was hit by Mary のような受動態の文の主語はむしろ動作を受ける被行為者を表すため、意味的な定義は満たしません。そのため、「主語」には、「主格になる要素」や「動詞と数が一致する要素」など形式的な定義が提案されてきました。この定義に従うと、John は主格を表す代名詞の he に置き換わりますし、was という be 動詞の形を決定することから、主語と認定できます。

　しかし、すでにみたように、主語に認定されるものには、形式的な定義には当てはまらないものも存在します。

(15)　What we have to do is continue our ongoing work.（我々がすべきは継続中の仕事を続けることだ）

(16)　There are three cats in the room.（部屋には 3 匹の猫がいる）

(17)　Under the bed is a nice place to hide.（ベッドの下は隠れるには良い場所だ）

(15)から(17)の各文では、主語とされる要素が必ずしも、形式的な定義に当てはまるものではありません。(15)では、主語は句ではなく節です。(16)では、動詞と倒置をするのが there である一方で、動詞と数が一致するのは three cats であり、主語を認定する 2 つの基準によって、主語とされる要素が異なります。(17)では、主語が名詞句ではなく前置詞句と言えます。これらの例を見ると、主語の形式的な定義には例外があり、主語とされるカテゴリーには、主語らしさの低いものが存在することが分かります。

　構文文法では、主語という文法カテゴリーも形式と意味の対からなる構文であるため、意味的にも定義できると考えます。主語がプロトタイプ・カテゴリーをなすと考えると、主語の意味的な特性も見えてきます。つまり、「主語は述語の示す動作・作用・状態などの主体を表す語（『明鏡国語辞典』（第 2 版））」という従来の意味的な主語の定義は、すべての主語に共通する特性ではなく、典型的な主語が持つ特性とみなすことができます。

　行為者が主語になりやすいということは、事態の中にある要素の中でどの要素が主語になりやすいかを見ることで、明らかになります。例えば、「メ

アリーが洗剤を使って洗濯機で毛織物を上手に洗った」という意味を表す
(18)の文と、(19)の各文を比較してください。(19)の文では、主語位置に、
典型的な行為者であるメアリー以外の要素が現れています。

(18)　Mary washed the woollens well (with Softly) (in the Hoovermatic).
(19)a.　The woollens washed well (with Softly) (in the Hoovermatic).
　　b.　Softly washed the woollens well (in the Hoovermatic).
　　c.　The Hoovermatic washed the woollens well (with Softly).

(Dixon 2005: 447–448)

(19)の各例では「毛織物をあらう」という事態の中で、(19a)では行為を行
う対象である毛織物が、(19b)では行為を行う際の道具となる洗剤(Softly)
が、(19c)では行為が行われる場所である洗濯機(the Hoovermatic)が主語位
置に現れています。Dixon(2005)では、(19)において主語位置に現れる要素
は、行為を達成する際に最も影響力がある参与者であると述べています。つ
まり、事態の中で、行為者性が高いと考えられる要素が主語位置に現れま
す。そのため、(19a)では汚れが落ちやすい毛織物によって、(19b)では強
力な洗剤によって、(19c)では高機能の洗濯機によって、汚れがよく落ちた
ことが表されます。また、(19)のような行為者ではない参与者が主語に現
れる場合、典型的な主語となる行為者の Mary は文の中に現れることができ
ません。このような主語になる要素の違いから、主語の典型的な意味とし
て、主題役割が行為者であるという特徴づけや、事態の連鎖の中の起点とな
るというような特徴づけが可能となります。Dowty(1991: 572)では、典型
的な行為者(proto-agent)が持つ 4 つの特性として、(i)意志があること、(ii)
感情があること、(iii)事態を引き起こしたり、他の参与者の状態を変えたり
すること、(iv)動きがあること、を挙げています[11]。
　このように、主語カテゴリーのプロトタイプとして行為者という特徴づけ
ができる一方で、この特性はすべての主語に共通するわけではありません。
主題役割に注目すると、行為者以外にも、道具、場所、経験者、被行為者な
ども主語として現れます。では、多くの主語に共通して見られる特性、つま

り主語のスキーマ的な特徴はどのようなものでしょうか。この問いかけに対して、認知言語学では主語は図を表すとする定義を提案しています。人間は何らかの事態を知覚したり想像したりしてその一部を言語化しますが、主語は認知され言語化される事態の中で最も目立つ部分であるという考え方です（Langacker 1987）。(20) の 2 つの文は同一の事態を表しますが、(20a) ではランプが図であり、地となるテーブルから相対化されて位置づけられています。一方、(20b) では、地となるランプを基準にして、図となるテーブルが相対的に位置づけられています。

(20) a.　The lamp is above the table.（ランプはテーブルの上にある）
　　 b.　The table is below the lamp.（テーブルはランプの下にある）

認知言語学では、主語というカテゴリーを動機づけるのは、認識される世界の特性ではなく、人間による世界の認識の仕方であると考えます。

9.4.2　抽象的な文法カテゴリーは存在するか

　最後に、用法基盤モデルの観点から、文法カテゴリーについて考えていきたいと思います。構文文法では用法基盤モデルを採用するため、主語のような文法カテゴリーも日常的な言語使用の中から抽出され一般化されることで出現すると考えます。この本を読んでいる読者の皆さんの多くは、文法カテゴリーに関して少なくとも一定の知識を持っていると思いますので、例えば、「トンネルを抜けるとそこは雪国であった」というような一文を見たとき、主語と言われる要素が言語化されていないことや、各語の文法関係や品詞が何であるかについては何となく分かると思います。

　ここで、1 つ皆さんに質問をします。皆さんは主語や品詞のような文法に関する知識をどのようにして学びましたか。私の場合ですが、中学校や高校までの国語の授業から、何となく主語、名詞、動詞などが何であるかについては分かるようになっていました。一方で、他動詞と自動詞の区別や形容詞と副詞の違いについては、大学で言語学を学びながらようやくその違いが分

かるようになりました。しかしながら、もし、学校教育において言語について学ぶ機会がなかった場合を考えてみると、文の主語が何であるか、あるいは形容詞と副詞の機能がどのように異なるのかなどについては恐らく分からなかったのではないかと思います。つまり、私の場合日常的な言語使用の中で繰り返し使用される表現をどんどん抽象化しても、品詞のような抽象的なカテゴリーを言語使用からボトムアップで獲得できなかった可能性も高かったと考えられます。

　文法関係に関して、Croft(2001)では、用法基盤モデルに基づいた提案をしています。Croft(2001)の提案は、文法カテゴリーに対して、抽象的な統一的なカテゴリーを想定するのではなく、具体性の高い複数のカテゴリーを想定するというものです。例えば、主語について見ると、「主語」という抽象的な1つのカテゴリーが存在すると考えるのではなく、同一言語の中においても、項構造構文ごとに主語的にふるまうものの役割を規定すべきと述べています。つまり、他動詞構文、自動詞構文、there構文、受動構文等の主語の位置に現れるものは別個の特性を持つものであり、それらを無理やりまとめて1つのカテゴリーにはできないと主張しています。

　例を見てみましょう。他動詞構文と受動構文では、主語であっても対照的な特性が見られます。他動詞構文の場合、典型的には主語は行為者である一方で、受動構文の場合の主語は典型的には被行為者です。また、there構文(There is a wallet on the table)の主語は、thereだとしても財布だとしても行為者ではないですし、他動詞構文の主語とは文法的な振る舞いも異なります。Croft(2001)はこのような異なる特徴を持つ複数の「主語」に対して、後づけ的に、同じ主語という文法カテゴリーとしてまとめてしまうことに対して、警鐘を鳴らしています。用法基盤モデルの考え方に立って考えると、言語使用の中から出現する主語や目的語のような文法関係は、それらが用いられる環境と切り離すことができず各構文レベルでとどまっている可能性も高いと考えられます。

　このように、Croft(2001)が提案する根源的構文文法(Radical Construction Grammar)では、抽象的な「主語」のような文法カテゴリーを想定するのではなく、主語は、他の構文と関連した具体的な複数の下位構文からなると考

えます。第 7 章では、抽象的な項構造構文に対して、動詞のスロットが埋まった［NP give NP NP］や［NP send NP NP］のような具体的な構文の存在を提示しましたが、文法関係、品詞、文法標識などの抽象的な文法カテゴリーについても、実際に、抽象的な 1 つのカテゴリーとして記憶されているのか、あるいは、より具体的な複数の構文のまとまりとして記憶されているのかについては、言語産出や言語理解に関する心理実験等を通して検証されるべき問題と言えます。

　本章で扱った文法カテゴリーは、抽象性が非常に高いカテゴリーであるため、まだ研究が進んでいるとは言えません。言語使用から実際にどの程度まで抽象化が進むかについては、今後、構文文法や認知言語学が学際的な観点から実証的に検証する必要があるテーマと言えます。

■　問題
1　伝統的な言語学において、文法標識、品詞、文法関係はどのような観点から定義されてきたか説明してみよう。
2　文法標識、品詞、文法関係はどのような点で抽象性が高い構文と言えるか考えてみよう。
3　英語の過去形と現在形を構文として捉える場合、その形式や意味に対してどのような特徴づけができるか、プロトタイプとスキーマの観点から考えてみよう。
4　名詞や動詞は伝統的にどのように定義されてきたか考えてみよう。また、古典的カテゴリーに基づく伝統的な品詞の定義にはどのような問題点が見られるか考えてみよう。
5　品詞の意味的な定義には認識の仕方が関わるとはどのようなことか、下の例を用いて説明してみよう。
　　(a) The leaves reddened.
　　(b) The leaves turned red.
6　英語の主語と日本語の主語の共通点と相違点を挙げてみよう。また、日本語と英語の主語を同じ主語というカテゴリーに分類してもいいものか考えてみよう。

■ 読書案内

文法標識の構文的な特徴づけについては Taylor(2003) の 9 章、品詞の意味的な定義については、山梨(2000) の 2 章、Langacker(2008) の 3 章と 4 章、西村(2018) の 1 章と 2 章、文法関係は構文から相対的に規定できるという見方については Croft(2001) で確認できます。

1 　一方、文法カテゴリーを複雑性という観点から見ると、それらは単一の構成要素からなっているので、単純な構造を持っていると言えます(2.4.2 節の図 1 を参照)。

2 　もちろん、英語には様々なタイプの不規則動詞があるので、形式面だけに注目しても、過去形の特徴づけは簡単ではありません。

3 　このような現在形の使用は、歴史的現在(historical present)と呼ばれます。

4 　確定した未来を表す意味は I {will/am going to} leave for Tokyo tomorrow のような、will や be going to を用いた未来を表す表現には見られません。

5 　余談になりますが、(11)の各文は、語用論では間接発話行為(indirect speech act) 文と呼ばれます。この「間接」発話行為という呼び方も、Yes-No 疑問文は質問という機能と典型的に結びついていることを前提とした呼び方と言えます。

6 　疑問文と同様に、他の主要な文のタイプも、構文の観点から捉えることができます。例えば、陳述文と命令文は典型的にはそれぞれ「言及」と「命令」という機能を担っていると考えられます。

7 　the old が年老いた人を表すように、the ＋形容詞で、「形容詞の属性を持つ人」という意味になります。

8 　イメージ・スキーマとは身体経験において繰り返し生じるパターンを抽出したものと定義されます。

9 　事態の中で注目され言語化される部分はプロファイルと呼ばれます。

10 Langacker(2008) では名詞と動詞以外の品詞についても意味的な特徴づけをしています。

11 対照的に、典型的な被行為者(proto-patient)の特徴として、「状態変化をする」、「行為の結果増えていく」、「他の参与者によって影響を受ける」、「他の参与者より安定している」という特徴を挙げています。

第10章　談話と構文

【キーワード】談話機能、情報構造、イントネーション・ユニット、定型句
【構文】情報梱包構文、分裂構文、転位構文

　第10章では、談話(discourse)の観点から構文を見ていきます。談話とは文や節よりもさらに大きな言語単位(language above the sentence or above the clause)(Stubbs 1983: 1)であり、文や節を超えて関連するまとまりを指します。通常、文が発話される場合、その文が単独で使用されることはまれであり、より大きな談話の一部となります。最初に、次の2つの文を見てください。(1)と(2)ではどちらが読みやすいですか。

（1）　私には姉がいます。姉には3人のやんちゃな子どもがいます。子どもたちは合宿でかかったインフルエンザで3日間寝込んでいるそうです。
（2）　私には姉がいます。3人のやんちゃな子どもが姉にはいます。合宿でかかったインフルエンザで3日間子どもたちは寝込んでいるそうです。

(1)と(2)はともに3つの文からなり、まとまった一連の出来事を表していると感じられるでしょうが、恐らく多くの皆さんは(1)の方が、情報がすっと入ってくる感じがするのではないでしょうか。(1)では、前の文ですでに言及されている「姉」や「子供たち」が後続する文の文頭の主語位置に現れるため、各文の関係が分かりやすく全体(すなわち、談話)としてのまとまりを強く感じるでしょう。では、(3)はどうでしょうか。

（3）　私には年の離れた姉がいます。桜を見に飛鳥山公園に行くとたくさん
　　　の人がいました。通勤電車はいつも満員で困ります。

　(1)や(2)とは対照的に、(3)は3つの独立した文が順番に並んでいるだけ
で、全体が1つのまとまった談話を構成しているようには感じないでしょう。
　伝統的に、言語学では文法を論じる際、おもに、談話から切り離された単
独の文を分析してきました。文を談話から切り離すことで、文の内部の要素
間の関係をより正確に捉えられると考えるためです。一方、私たちの言語使
用に注目すると、言語学の分析に使われる作例のような一部の例外を除い
て、文は談話から切り離されては用いられません。通常、文には先行する文
脈があり、文は前後の文脈とまとまって談話を構成します。
　第10章では、10.1節で、談話の観点から構文の特徴を考察する必要性に
ついて見ていきます。10.2節では、談話の中の情報の流れを円滑に進める
機能を持つ構文について見ていきます。英語には、情報梱包構文(information
packaging construction)と呼ばれる情報の提示方法に関わる一連の構文が存
在します。10.3節では、4章と5章で扱った項構造構文を談話の観点から捉
え直していきます。項構造構文は抽象化が進んだ構文ではありますが、情報
を効果的に伝えるという談話的な特徴も見られます。10.4節では、話し言
葉に注目しながら、話し言葉に特有の構文について見ていきます。話し言葉
には書き言葉には見られない特徴が見られ、構文文法の研究の可能性を広げ
てくれます。

10.1　談話から構文を見る必要性

10.1.1　談話とは何か

　最初に、談話について見ていきます。複数の文は内容的に一貫している場
合に、談話として認識されます。この意味的なまとまりは一貫性(coherence)
と呼ばれます。談話における一貫性は表現上の連続性である結束性
(cohesion)によってももたらされます。結束性に関わる要素には語彙的なもの

と文法的なものがあります。語彙的なものには、接続詞(when、while、as)、副詞(first、second、then)、前置詞(despite、in contrast)などがあります。また、文法的なものには、指示、代用、省略、倒置等があります。これらの要素によって結束性が高まることで、先行する文と後続する文の関係が明らかになり、複数の文の間の一貫性が高まり、複数の文は談話として認識されやすくなります。(4a)と(4b)を比較してみて下さい。

(4)a.　John scratched away the plaster. John tried to pull out the bricks.(ジョンは壁土を剥がし取った。ジョンはれんがを引っ張り出そうとした。)

　b.　John scratched away the plaster and then tried to pull out the bricks.
　　(ジョンは壁土を剥がし取ってれんがを引っ張り出そうとした。)

(4a)に対して(4b)では、and による接続、2つの事態の時系列を表す副詞の then、二文目の主語の省略という3つの要素によって、2つの文の結束性が示されるため、全体が、まとまっているように感じられると思います。

　また、談話には基本的な情報の流れがあります。通常、英語でのコミュニケーションにおいて話し手や書き手は聞き手や読み手が既に知っていると思われる情報(旧情報)をまず提示し、その後にまだ知らないと思われる新たな情報(新情報)を追加します。

(5)　Father: Who did you meet at the party?(パーティーで誰かに会った？)
　　Helen: I met John.(ジョンに会ったよ)

父親の「パーティーでだれかに会った」という問いに対する返答では、能動文で答えるのが一般的であり、通常は、John was met by me のような受動文では答えません。父親がヘレンに質問した時点で、ヘレンが誰かに会ったことはすでに知っている旧情報であるのに対して、会ったのがジョンであることは質問の答えになる新情報となるため、受動文にすると、旧情報から新情報という談話内の情報の流れと異なり、文意が理解しにくくなります。
　Halliday(1967)は談話における情報の流れに関して、(6)のような、新旧

情報の原理（Given-New Principle）を記しました。

(6)　Given information tends to appear closer to the beginning of a sentence, while new information tends to appear closer to the end of a sentence.（旧情報は文の冒頭付近に現れる傾向が見られる一方で、新情報は文末付近に現れる傾向が見られる）　　　　　　　　　　　　　　（Halliday 1967）

私たちは通常コミュニケーションをする際、話し手と聞き手の両者がすでに知っている情報を意思伝達の基盤にしながら、新しい情報を提示していきます。話し相手の話題が、一貫性がなく飛び飛びであるように感じられたとしたら、それは共通の基盤が築かれないまま新しい情報が追加されているからだと考えられます。

10.1.2　談話が構文に与える影響

　では、なぜ談話の観点から構文を見る必要性があるのでしょうか。本節では、文法化、文法性の判断、言語の機能、定型表現（具体レベルの構文）という4つの観点から見ていきます。

　第一に、歴史的に見ると、談話は文法が生じる基盤となります。機能語などの文法標識は、談話内の語や句が繰り返し使用される中で文法化することで出現します。例えば、Tomasello（2003: 14）では、談話内における複数の語の緩い連続が、より密接に結びつくことで文法標識になる点を挙げています。

(7)a.　結果構文：He pulled the door and it opened　→　He pulled the door open.

　　b.　補文構造：I believe that, Mary will wed John　→　I believe that Mary will wed John.

　　b.　関係代名詞：My boyfriend ... He rides horses ... He bets on them　→　My boyfriend, who rides horses, bets on them.

第 10 章　談話と構文　169

同様に、助動詞、受動態、時制、前置詞、主題標識、法、格、決定詞、補文標識、数などが、文法化によって談話から誕生したと考えられています（Hopper and Traugott 2003）。談話における繰り返しの使用から文法的なカテゴリーが誕生する事実に注目すると、談話から文法を切り離して論じることが難しいと分かります。

　第二に、談話は文法性の判断に影響を与えます。(8)と(9)を比較してみてください。

（ 8 ）　*Pat the ball.
（ 9 ）　Bob brought the bat and Pat the ball.

(8)の文は動詞がないため、文法的と思う人はいないでしょう。では、(9)はどうでしょうか。(9)は問題なく理解できると思います。非文法的とされた Pat the ball という語のつながりが、談話の中で見ると文法的になるように、ある文が文法的であるかどうかの判断には談話的な要因が関わります。また、文単独で文法的かどうかを判断しているように見えて、知らず知らずのうちに、典型的な文脈を補っていることも考えられます。多くの方が、「金魚」と「ラーメン」を思い浮かべる際、無意識に、金魚鉢の中に居る金魚や、器に入ったラーメンを思い浮かべるのではないでしょうか。同様に、完全に文脈から切り離された文を作例したと思っても、そこに文脈的な要素が残っている可能性は大いにあります。

　第三に、発話される文には談話を構築するための機能が含まれます。一般的に談話はコミュニケーションを効率よく行うために最適化されるため、談話で生じた発話にはコミュニケーションの制約がかかります。

(10)a.　A woman with a suitcase in hand came yesterday.
　　 b.　A woman came yesterday with a suitcase in hand.

(10)の文はともに「手にスーツケースを持った女性が昨日来た」事態を表していますが、談話的な目的によって文内の語順が異なっています。(10a)

は標準的な語順と言えますが、(10b)では、主語の名詞句内の修飾要素である with a suitcase in hand が文末の位置に現れています。新旧情報の原理が示すように、談話の中で新情報は文末に置かれる傾向があるため、with a suitcase in hand が文末に現れることで、既知の情報から未知の情報への流れがスムーズになり、金髪であることを強調する効果が生じます。

第四に、定型表現をはじめとした具体レベルの高い構文は使用文脈と密接な関係があり、談話内で特定の役割を持ちます。

(11) a. How are you doing?

b. Excuse me.

(11a)は、体調がどうであるかを聞く文であると同時に、軽い挨拶をするという対人的機能や、簡単な会話を始めるという談話機能を担います。また、(11b)は謝罪の際に用いられる表現であると同時に、軽い依頼をする際に用いられるという談話機能を持っています。

以上のような点が示すように、文法と談話には密接な関係があり、文は使用される環境である談話から様々な形で影響を受けるため、談話から完全に切り離された文が存在すると仮定して、文法を分析できるかどうかは疑問です。

10.2　談話機能を持つ構文

では、談話の中で情報の流れを提示する機能を持つ構文について見ていきます。Hilpert(2014)では、新旧情報の提示に特化した一連の構文群を情報梱包構文として挙げています。

(12)　Information packaging constructions … serve the function of organising and arranging meanings, relating new meanings to old meanings, rather than conveying meanings themselves.(情報梱包構文はそれ自体が意味を伝えるのではなく、新情報を旧情報と結びつけることで、意味を編

成したり配列したりする機能を持つ。）　　　　　　（Hilpert 2014: 102）

英語には様々な情報梱包構文があります。例を見ていきましょう。(13)の各文はどのような意味を表すでしょうか。

(13)a.　John lost his wallet.

　　b.　As for John, he lost his wallet.［*as for-* 構文］

　　c.　As for his wallet, John lost it.

　　d.　It was John who lost his wallet.［分裂構文］

　　e.　It was his wallet that John lost.

　　f.　What John did was lose his wallet.［疑似分裂構文］

　　g.　What John lost was his wallet.

　　h.　What happened to John's wallet was that he lost it.

　　i.　He lost his wallet, John.［右方転位構文］　　（Hipert 2014: 101–102）

(13)の各文は、すべてジョンが財布を無くしたという同一の事態を表します。一方、これらの文は、談話内での先行文脈との関係が異なります。文法的には無標である(13a)の他動詞構文とは異なり、(13b)(13c)では、as forによってジョンと財布が主題として取り上げられています。(13d)(13e)の分裂構文や(13f)(13g)(13h)の疑似分裂構文は新情報や旧情報を効果的に提示する構文です。例えば、(13d)では、誰かが財布を無くしたことについては先行文脈において話し手と聞き手に共有されており、その誰かがジョンだったと言っています。(13g)はジョンが何かしでかしたことは先行文脈で分かっており、それが財布だったと言っています。(13i)は右方転位構文と呼ばれます。この構文では、代名詞を含んだ文を発話した後、代名詞が誰であるかを再度明確に示すため、先行詞であるJohnを文末に用います。このように、同一の事態であっても、円滑なコミュニケーションを行うために、談話的な機能が異なる様々な構文が用いられます。本節では、その中でも分裂構文と右方転位構文について詳しく見ます。

10.2.1　分裂構文

　談話において旧情報から新情報へと情報の流れをスムーズにする代表的な構文に、分裂構文（*it*-cleft construction 構文）と疑似分裂構文（*wh*-cleft construction 構文）があります。

　分裂構文は［it be X that-節］や［it be X wh-節］という形式を持ち、仮主語の it が that-節や wh-節の内容を表します。また、分裂構文は X が表す内容を強調する機能があります。

(14)　Judy met John in the museum yesterday.（ジュディーは昨日美術館でジョンに会った）

(15)a.　It was Judy who met John in the museum yesterday.

　　b.　It was John who Judy met in the museum yesterday.

　　c.　It was in the museum that Judy met John yesterday.

　　d.　It was yesterday that Judy met John in the museum.

(14)と(15)は同様の事態を表しますが、(14)に対して、(15)の各文では情報の提示の仕方が異なります。つまり、(15)の場合、仮主語の it が表す内容はすでに先行文脈において示された旧情報であるのに対して、X 位置に現れる要素が新情報になっています。例えば、(15a)では、「誰かがジョンに美術館で会った」ことはすでに共有された知識であり、その相手がジョンだったということが示されています。また、X 位置には項となる名詞句だけでなく、(15c)や(15d)のように、前置詞句や副詞も現れます。

　次に、疑似分裂構文では、構文は［wh-節 be X］という形式を持ち、意味的には be 動詞の後に現れる X が新情報として強調されます。疑似分裂構文において、X には動詞句（原形）、名詞句、that-節、形容詞などの様々な要素が現れます。(16)は疑似分裂構文の例です。

(16)a.　What John did was join the party.（彼が行ったのはパーティへの参加だった）

第 10 章　談話と構文　173

b.　What he bought was a leather wallet.（彼が買ったのは皮の財布だった）

c.　What you should prove is that he is a liar.（君が証明すべきは彼が嘘つきということだ）

d.　What you did was just so stupid.（君がしたことはただ単に非常に愚かなことだ）

（16）の例を 1 つ説明すると、（16a）では先行文脈において、ジョンが何かをしてしまったことはすでに明らかになっており、それがパーティーに参加したことだったと言っています。

　分裂文にはほかにも「倒置した」疑似分裂構文（reverse *wh*-cleft construction）と呼ばれるものがあります。倒置疑似分裂構文では、疑似分裂文の主語句と補語句が倒置をします。（17）では、3 つの分裂文を並べています。

（17）a.　It's the introduction book that I want to read.（分裂構文）

b.　What I want to read is the introduction book.（疑似分裂構文）

c.　The introduction book is what I want to read.（倒置疑似分裂構文）

（17）の各文は、「私が何かを読みたがっていること」が前提となっており、読む対象が、「その入門書」という点で共通しています。この 3 つの情報構造を伝える分裂文に対して、Hilpert（2104: 114–117）では、3 つの構文が談話内で使い分けられる要因を挙げています。

　1 つ目は、名詞句の重さです。重い名詞句は文末に現れるという傾向が見られます。皆さんは（18）の各文のどちらが理解しやすいでしょうか。

（18）a.　It's the introduction book to construction grammar written by Martin Hilpert that I want to read.（分裂構文）

b.　What I want to read is the introduction book to construction grammar written by Martin Hilpert.（疑似分裂構文）

恐らく、（18a）に比べて、（18b）の方が文の意味を追いやすいでしょう。これは、（18a）のように文の途中に the introduction book to construction grammar written by Martin Hilpert のような長く複雑な名詞句があると文の構造を理解することが難しくなるからです。長く複雑な名詞句（いわゆる、重名詞句）が文末に現れやすいという傾向は、構文の選択に影響を与えるため、（18）では、重名詞句が文末に現れる（18b）の疑似分裂構文が好まれます。

　2 つ目は、語用論的前提（pragmatic presupposition）[1] の活性度です。Hilpert（2014: 115）では、分裂構文と、疑似分裂構文における情報の活性度の違いを挙げています。（19）はすべて「大英博物館を探している」ことを表す文ですが、道を聞く場合どの文が適切でしょうか。

(19) a.　Excuse me, I'm looking for the British Museum.

　　 b.　Excuse me, what I'm looking for is the British Museum.

　　 c.　Excuse me, it's the British Museum that I'm looking for.

（19a）の文は適切であるのに対して、（19b）と（19c）は、知らない人に道を聞く文脈では、通常は使われません。（19b）と（19c）では分裂文が用いられており、語用論的な前提として、「私が何かを探している」ことが話し手と聞き手の間で共有されていなければいけません。しかし、見知らぬ人に道を聞く場合、私が何かを探していることを相手は知らないため、（19b）と（19c）のように尋ねるのは不適切です。しかし、（19b）と（19c）では容認可能性に違いが見られます。これは、分裂構文の場合、語用論的な前提が強く活性化されている必要がある一方で、疑似分裂構文の場合はある程度活性化されていればいいからです。例えば、目の前で地図を広げながら道を聞く場合、「私が何かを探している」ことが相手にも推測でき、語用論的な前提がある程度活性化されているため（19b）のような疑似分裂構文の容認度が高くなると考えられます。一方、分裂構文は「私が何かを探している」という情報が完全に話し手と聞き手で共有されていない場合は使いにくくなるため、（19c）の容認可能性は低くなります [2]。

第 10 章　談話と構文　175

10.2.2　右方転位構文

　次に、右方転位構文の例を見ます。右方転位構文は文の中に現れた代名詞の補足的な説明として、文の後に、代名詞と結びつく名詞句が現れるものです。

(20)　They are always nice, my parents.((彼らは)いつも感じが良いですよ、
　　　私の両親は)

右方転位構文では、文末に代名詞の指示対象が明確に示されるため、聴き手は代名詞を正しく解釈できます。(20)の文では、彼らはいつもいい人だと言った後に、代名詞の they が指す指示対象をはっきりさせるため、they が表す対象である my parents を文末に繰り返します。
　右方転位構文と形式的に似た構文に名詞句外置構文があります。構文文法は基本的な原則として、形式の違いは意味の違いを反映するという「同型性」の考え方を採用するため、この 2 つの構文にはどのような意味の違いがあるかを示す必要があります。ここでは、Hilpert(2014: 120)の議論に基づいて、名詞句外置構文と右方転位構文を比べてみます。

(21)a.　It's amazing, the things children say.　　［名詞句外置構文］
　　b.　They're amazing, the things children say.　　［右方転位構文］

(21)の名詞句外置構文と右方転位構文ではともに、主語に相当する名詞句が主節後に現れ、主語位置には it や they などの代名詞が現れています。文法的に見ると、(21)では主語の指示性に違いがあります。(21a)の it は非指示的な代名詞であり、It rained yesterday. のような虚辞です。一方、(21b)では、代名詞 they と転位される要素である the things children say の間に数の一致があり、相互参照的です。この 2 つの構文では、名詞句外置構文の場合は、主節に後続する内容は新情報である一方で、右方転位構文の場合、主節に後続する内容は旧情報であり、they が指示する対象を確認するために

用いられているという違いが見られます。この機能の違いは、強勢の位置からも明らかです。(21a)の場合、the things children say が新情報であるため強勢が置かれる一方で、(21b)の場合、すでに出ている旧情報の内容を明確にするために the things children say が使われるので、強勢は置かれず、低く平坦なイントネーションで現れる傾向が見られます。

10.3　談話と項構造構文

　10.2 節では、分裂構文や右方転位構文のような、談話を組織的に形成することに特化した機能を持つ構文について見ました。10.3 節では、項構造構文のような内容的な意味を持つ構文に見られる談話機能について見ていきます。一般的に、構文は抽象化が進むにつれ、元々の使用文脈に対する依存度が低くなり、談話的な特徴は捨象されていくため、より中立的な文脈で使えるようになっていきます。しかし、抽象化がかなり進んだ項構造構文にも談話的な影響が見られます。

　最初に、最も基本的な項構造構文である自動詞構文と他動詞構文について見ていきます。Du Bois(2003)では、自然発話において、項構造構文は、基本的に情報構造を反映するとする考え、自動詞構文と他動詞構文の各項が持つ談話的な機能を考察しました。この調査では、自動詞の主語、他動詞の主語、他動詞の目的語の 3 つのタイプの項の中で、新情報を表す項がどのように分布しているかを調べています。535 個の項を観察したこの調査では、自然発話においては、1 つの文で 2 つ以上の新情報を表す項が見られないこと(表 1)、新情報を表す項は、約 8 割が他動詞の目的語位置に現れ、他動詞文の主語には 1 例も現れないという結果が見られました(表 2)。

表 1　他動詞文と自動詞文における新情報を表す項の数

新情報を表す項の数	0	1	2	合計
英語	463（87 %）	72（13 %）	0（0 %）	535（100 %）

表2　新情報を表す項の文法関係

新情報を表す 項の文法関係	他動詞主語	自動詞主語	他動詞目的語	合計
英語	0（0 %）	15（21 %）	57（79 %）	72（100 %）

表1と表2の結果は、1つの文の中で新情報を表す項が最大でも1つであり、他動詞文の主語には、新情報となる要素は避けられるという自然発話における強い傾向を明らかにしています[3]。つまり、ある事態を自動詞で表すか他動詞で表すかは伝統的に考えられているような他動性の高さ（Dowty 1991）だけでなく、情報構造も反映していると言えます。特に、表1と表2から［NP V NP］のような抽象的な他動詞構文の下位構文として、他動詞の主語が旧情報である［NP_{given} V NP］のような談話の構造に動機づけられた具体レベルの他動詞構文の存在が示唆されます。

　さらに、3つの項からなる二重目的語構文とto与格構文の使用にも談話の影響が見られます。これまでに、この2つの構文は、意味的な要因によって John sent her a flower と John sent a flower to her のように使い分けられる点を見てきました（1.2節）。しかし、意味的な要因だけでなく、談話的な要因も構文交替に影響を与えている点が明らかにされています。

(22) a.　He sent her a flower.

　　 b.　He sent it to his mother

　　 c.　*He sent his mother it.

二重目的語構文とto与格構文が持つ項に注目すると、受益者が旧情報の場合は(22a)のように二重目的語構文が、主題が旧情報の場合は(22b)のようにto与格構文が用いられる傾向があります。また、(22c)のように主題が旧情報であり情報量が低い代名詞である場合は二重目的語構文では認可されないという特徴も見られます。

　また、項構造構文の中でも語順の制約が比較的緩い動詞不変化詞構文では、名詞句の重さが語順を動機づけます。動詞不変化詞構文には、VOP型（He put the meeting off）とVPO型（he put off the meeting）が存在しますが、

目的語が重い名詞句の場合は、目的語句が文末で現れる VPO 型になる傾向が見られます。

（23）a.　He put the meeting where I will be a chair off.（彼は私が司会を務める会議を延期した）

　　　b.　He put off the meeting where I will be a chair.

（23a）と（23b）を比べると、重い名詞句が文末に現れる（23b）の方が文の意味が理解しやすいと思います。動詞不変化詞構文の2つの下位構文は、コミュニケーションを円滑にするという談話的な目的によって使い分けられています。

10.4　話し言葉と構文

　最後に話し言葉における構文について見ていきます。これまでの章では、おもに書き言葉における構文について見てきましたが、話し言葉には書き言葉に見られない重要な特徴が見られます。ここで書き言葉には見られない話し言葉独自の特徴を2つ挙げると、音声によって伝わる点と、即時性がある点が挙げられます。文字で伝達する書き言葉とは異なり、話し言葉では音声によって情報が伝達されます。また、書き言葉では、頭で考えたことを書き留めるまでに時間的な隔たりがありますが、話し言葉では、場面に応じて即時的に発話をしなければいけません。このような話し言葉と書き言葉の違いに注目すると、書き言葉の構文を扱うだけでは見えてこない構文の新たな2つの側面が見えてきます。

　1つ目は、構文の形式面での情報の豊かさです。端的に言うと、話し言葉における構文は、形式の面で、書き言葉における構文に比べてずっと情報量が多いと言えます。話し言葉では、多くの場合、聞き手がおり、会話の中で言語が発話されます。コミュニケーションは言語的な要素だけでなく、パラ言語的要素（イントネーション、強勢、声の大きさなど）、非言語的な要素（表情、ジェスチャーなど）と一体となって成立します。1つ例を挙げると、

第 10 章　談話と構文　179

話し言葉には書き言葉には見られない焦点化強勢(focal stress)があります。
焦点化強勢は、意味論的あるいは語用論的な合図を行うイントネーション上
の際立ちのことであり、強勢によって発話の重要な部分が示されます。次の
例を見てください。

(24)a.　BOB broke the glasses.
　　b.　Bob broke THE GLASSES.
　　c.　Bob BROKE the glasses.

(24)の各文では強勢が置かれた要素が大文字で記されています。書き言葉
では、Bob broke the glasses と記されますが、話し言葉では強勢を用いるこ
とで、先行文脈でどのようなことが話題になっていたかが分かります。例え
ば、(24a)ではボブに強勢が置かれているため、誰かが眼鏡を割ったことは
すでに分かっていて、その行為を行ったのがボブであることを文が提示して
います。一方、(24c)では、動詞 broke に強勢があるため、ボブが眼鏡に何
かをしたことは分かっていて、その行為の内容が壊したことだったことが伝
わります。

　また、話し言葉だけに広く見られる構文もあります。書き言葉の構文は、
語・句・項構造に対応するものが多いですが、話し言葉では、イントネー
ション・ユニットからなる構文も多く見られます。イントネーション・ユ
ニットはイントネーションによって他の部分から切り分けられるまとまりを
表します。例えば、You know it's gonna be alright という文は、書き言葉で
は、補文構造を持つ複文として捉えられますが、話し言葉では一般的に、
(25)のように、2つのイントネーション・ユニットからなるとみなされます。

(25)　you know(↗)
　　　it's gonna be alright(↘)

話し言葉において、you know は談話標識として定着しています。you know
は上昇イントネーションを伴い、it's gonna be alright は下降イントネーショ

ンを伴います。また、you know の語尾が長くなり、it's gonna be alright との間に、少々の間があることもあるでしょう。話し言葉の場合、(25)の文は複文というより、談話標識の you know に it's gonna be alright が続く文とみることができます。イントネーション・ユニットの中には、談話標識のように特定の機能や意味と結びつき構文となるものがあります。

　イントネーション・ユニットからなる構文が文法的な構造と対応しない場合もあります。

(26) a.　What I suggest is, is no country will be able to solve this problem.（私が言っているのは、この問題を解決できる国はないということだ）

　　 b.　The thing is, is that people talk that way.（問題は、人々がそのような話し方をすることだ）

書き言葉ではカンマが使われることもありますが、what I suggest is や the thing is のような単位は文法の切れ目とイントネーションの切れ目が異なります。つまり、これらの語の連なりは、文法的なまとまりではありませんが、イントネーションの切れ目ではまとまります。この場合、特定の意味が、文法構造ではなく、イントネーション・ユニットに結びついており、書き言葉には見られない形式と意味の結びつきが見られます。

　2つ目は、構文の再利用です。誰かと会話をする場面を思い浮かべてください。会話の中で皆さんは、頭で考えていることを、時間をかけてゆっくり発話するのではなく、相手の発話の直後に、あるいは途中から、応答をしているでしょう。このような即時的な応答が求められる場合では、会話の中で以前に発話されたさまざまな要素が再利用されます。

(27) 1 JOANNE;　　　(H) It's kind of like ^you Ken.

　　 2　　　　　　　　(0.8)

　　 3 KEN;　　　　That:'s: not at all like me Joanne.

(27)の例において、Ken は Joanne の行った発話を再利用して発話をしてい

ます。Joanne の発話の再利用は、表3のように明示的に示すことができます。

表3 対となる会話における文の対応関係

1	J;	It	's	kind of	like	^you	Ken	.
3	K;	that	's	not at ^all	like	me	Joanne	.

会話において頻繁に見られるこのような構文の再利用に対して、Du Bois
(2014)は、響鳴(resonance)によって生じると述べています。響鳴とは、先
行する発話に内在し、後続する発話に実際に生じうる類似性のことを指しま
す。先行する発話で用いられた言語表現によって、その表現と類似した言語
知識の一部が活性化されることで、先行する発話に類似した表現や構造が後
続する発話に具現化します[4]。会話では相手の発話に対して瞬時的に返答す
る必要があるため、以前に使われた表現や構造を再利用して使っていきま
す。対話統語論(dialogic syntax)と呼ばれるアプローチでは、対話において、
話者は意識的であれ無意識的であれ発話間の響鳴の活性化を図りながら対話
を進めるという響鳴の原則を示しています。響鳴が対話の場面で広く観察さ
れることは、言語の話者が頻出する表現などの具体的な言語パターンを構文
として大量に蓄えていることの証拠になります。

10.5 まとめ

　話し言葉を用いた構文研究は現在、構文文法論の内部ではそれほど研究が
進んでいない分野です。話し言葉は書き言葉とは違い、明確な切れ目が見つ
けにくく、発話されると同時に消えていくため、保存をするにも手間がかか
ります。そのため、データとしての量も少なく分析が進んでいません。しか
し、人間による文字の歴史は浅く、また、少なく見積もっても世界の半数以
上の言語が文字を持たないことが明らかになっています。言語学の研究対象
は第一に話し言葉であると言われますが、書き言葉から得られた一般化を言
語全体の特徴と同一視するのは問題があると言えます。(鈴木・秦・横森
2017; 中山・大谷 近刊)

　話し言葉は、形式面では、イントネーション・ユニットがありますし、ま

た、いわゆるパラ言語的な要素や非言語的な要素も言語と一体となり意味の伝達に貢献します。同様に、意味の面でも、内容的な意味以外に、効率的に情報を伝えるための機能や、会話のような相互行為に用いられる機能などが発達しています。話し言葉の分析は、書き言葉の分析では見えてこない、構文の形式と意味両面での多様性を示してくれるでしょう。

■　問題

1　談話とはどのようなものであるか定義してみよう。また、談話的なまとまりを感じるのはどのような場合か考えてみよう。

2　次の3つの例文の中で、談話としてのまとまりを感じるものを挙げてみよう。またなぜそのように感じるのか、理由を考えてみよう。

(a) This morning I went for a walk. I love walking in the early morning.

(b) This morning I went for a walk. I love watching a sunrise on the beach.

(c) This morning I went for a walk. I ate vegetables every day.

3　下の文は談話内でどのような機能を担っているか考えてみよう。

(a) Have you lost your mind?

(b) Who do you think you are?

(c) I promise I will fire you if you arrive late again.

4　下の文を談話の観点から見ると、各文の談話機能、使用頻度、語用論的前提などにどのような特徴が見られるか考えてみよう。

(a) How old are you?

(b) How young are you?

(c) How long ago were you born?

5　情報梱包構文とはどのようなもので、どのような機能を担っているか考えてみよう。

6　分裂構文と疑似分裂構文を1つずつ作例し、それぞれどのような情報構造を持っているか考えてみよう。

■　読書案内

　書き言葉とは異なる話し言葉の特徴については串田・定延・伝（2005,

2007, 2008)、鈴木・秦・横森(2017)、岩崎(2009)が参考になります。響鳴と対話統語論の解説は﨑田・岡本(2010: ch.3)を参照してください。Tomasello(1998, 2003)や中山・大谷(近刊)の論文集では、認知言語学、談話機能言語学、構文文法の接点となるような論文が多数収集されています。

1 語用論的前提とは、発話時点で聞き手がすでに知っていると話者が推測する命題のことです。
2 Hilpert(2014)ではその他にも、文の主題性(topicality)も分裂構文と疑似分裂構文の使い分けに影響をすると主張しています。
3 Du Bois(2003)では、同様の結果が、英語だけでなく、ヘブライ語、スペイン語、フランス語、サカプルテックマヤ語に見られることを示しています。
4 響鳴は第7章で論じたプライミング効果によってもたらされると考えられます。つまり、先行する発話がプライマーとして機能することによって脳内で活性化されたパターンが、後続する発話に用いられると言えます。

第 11 章　構文の習得

【キーワード】ボトムアップの言語習得、過剰一般化、一語文、共同注意、意
　　図の読み取り、社会・認知的な基盤
【扱う構文】語彙項目構文、補文節構文、関係節構文

　第 11 章では「構文に関する知識はどのようにして習得されるか」とい
う、構文文法の根本的な問いについて考えていきます。これまでの章で見て
きたように、構文文法では、人間の言語知識は抽象性や複雑性が異なる様々
な構文が構造的に結びついたネットワークからなると考えます。また、構文
に関する知識は生得的なものではなく、各個人がそれぞれの言語活動の中か
ら学習して習得していくものと考えます。そのため、構文文法では、幼少期
には持っていなかった構文に関する知識がどのような過程を経て構造化した
知識として定着していくかについて説明をすることが求められます。

　幼児が言語を習得していく様子を見るのは微笑ましくも非常に興味深いも
のです。私の身近な話をしますと、ある時、なかなか言葉を話さなかった 2
歳 10 か月の男の子が弟に向かって、「はんぶんこ」と言って、自分が持っ
ているおもちゃの一部をあげました。周りの大人たちは大喜びで、「優しい
ね」「えらいね」などとほめながらその子に「はんぶんこしようね」「これも
はんぶんこだね」などと言っていました。数日すると、その子は、今度は、
自分のおもちゃを弟が使っているのを見た時や、踏切の前で電車を待ってい
る時に「じゅんばんこ」と言うようになりました。「じゅんばんこ」は大人
がそのような場面では言わない表現であるため、今度は、周りの大人はがっ
かりしてしまいました。

しかし、この時、彼の頭の中では試行錯誤が繰り返され文法の萌芽が見え始めています。最初、彼は、自分の実際の言語経験の中で、保護者にお菓子の一部をもらう時に「はんぶんこね」「はんぶんだけね」などのような音声が伴うことに気づく中で、何かの一部をもらう時の言葉として「はんぶんこ」を認識します。その後、今度は自分の立場と相手の立場を入れ換えることで、自分が何かを相手にあげる時に「はんぶんこ」という言葉を使うようになります。次に、自分が何かをしたいのに我慢をする場合に「じゅんばんね」と言われた経験から、今度は、弟に何かをさせてあげる場合や、踏切で電車を先に通らせる場合に、「じゅんばんこ」と言って我慢していると考えられます。

　「じゅんばんこ」という表現は大人同士の会話では聞かれないですし、大人の文法では不適切とされるでしょう。しかし、よく考えてみると、「じゅんばん」と「はんぶん」には形式と意味の両面でかなりの類似性が見られます。形式的には2モーラ目と4モーラ目が「ん」の音という共通点があります。また意味の面に注目すると、両者は「自分が我慢しながら相手に何かを｛させる／してあげる｝」という共通の特徴があります。この共通性に注目した彼は、「はんぶんこ」の語尾の「こ」を取り出し、何かを申し出る際の接尾辞として用いたと言えます。

　「じゅんばんこ」における「こ」の使用は、言語学では「過剰一般化（overgeneralization）」と呼ばれますが、それは大人にとっての理屈です。子どもは、自分が持っている認知的な能力を使いながら、何とかしてこのぐちゃぐちゃした世界を秩序だったものに分類しようとしています。上の例でも、物の場合は「はんぶん」を、事態の場合は「じゅんばん」を使うように、物と事態を区別しています。

　今のところ男の子が試みた分類は大人が持っているカテゴリーとは異なりますが、彼はそのカテゴリーの名前を用いて、世界を意味のある単位に切り分け、周りの大人と意志の疎通を始めています。彼が言語によって切り分ける世界が、大人の認識する世界に近づいていくにはもう少し時間がかかるでしょう。しかし、時間はかかっても、似ている物同士をひとまとめにしながら、少しずつ世界を分類していく彼の試みはきっと成功するでしょう。

第 11 章　構文の習得　187

　第 11 章では、11.1 節で、子どもが持つ言語知識はどのようなものであり、大人の知識とはどのように異なるかについて見ていきます。11.2 節では、子どもが言語を習得する上で必要となる人間に備わった社会認知的な能力（socio-cognitive ability）について見ていきます。また、11.3 節では、項構造構文、関係節構文、補文節構文などの複雑な構文が、一語文から語彙項目（Item-based）構文を経て抽象的な構文へとボトムアップで一般化されていく過程について見ていきます。11.4 節では、過剰一般化はどのようにして防がれるかという言語習得における重要な問題に対する構文文法の考え方を紹介します。

11.1　子どもが持つ言語知識

　最初に、幼児に見られる言語的な特徴について見ていきます。一般的に、1 歳を超える頃になると、子どもは大人にとって意味が分かる語の発話をするようになると言われます。1 歳になる前でも、表情、ジェスチャー、指差し、などの非言語的なコミュニケーション手段を用いて意志を伝えることができますが、物や行為に名前があることが分かると、語や短い文を用いて、要求を行ったり、相手の注目を集めたりします。最初に子供が話すのは、一語文（holophrase）と呼ばれる短い文です。

（ 1 ）a.　More.

　　　b.　Down.

　　　c.　Gimmedat.（Give me that.）

　　　d.　Whatsdat?（What's that?）

　　　e.　Lemme-see.（Let me see.）

英語の holophrase は日本語では一語文と訳されるように、典型的には 1 つの語からなりますが、単純な事物や事態を表すわけではありません。一語文は、文全体が要求や質問のような 1 つのコミュニケーションの意図と一体となっています。また、語が表す指示対象だけでなく、その指示対象を含む

複雑な事態を表すこともあります。例えば、幼児がミルクを飲み終わった後に、コップを持ちながら(1a)を言う場合、「ミルクをもっと欲しい」というような意味で使われます。この場合、more という一語だけで、「もっと多く」「ミルク」「欲しい」のような複数の概念のまとまりを表すと同時に、相手に何かを要求するというコミュニケーション上の意図も伝えています。(1b)も、「自分を抱っこからおろして欲しい」という欲求を表す場合に使われます。ここでも「自分」「抱っこ」「おろす」「欲しい」のような複数の概念が一語文によって表されます。一語文には、(1c)の Gimmedat(Give me that.)、(1d)の Whatsdat(What's that?)、(1e)の Lemme-see(Let me see)のような、大人が用いる言語では複数の形態素からなる表現も含まれます。大人にとっては、複数の要素からなる場合であっても、子どもは表現全体を１つのまとまりとして認識しています。同時に、これらのまとまりは「要求」や「質問」などのコミュニケーションの意図と一体となっています。

　さらに、もう少し大きくなった子供は文を発話するようになりますが、子どもが発話する文には、(2)のように、大人と異なる文法が見られることが多々あります。

(2)a.　I goed to the store with mammy.

　　　b.　It noises.　　　　　　　　　　　　　　（Hilpert 2014: 155）

　　　c.　She unlocked it open.　　　　　　　　　（Hilpert 2014: 155）

(2)の各文には、大人の文法では間違いとされる箇所が含まれます。例えば、(2a)では、goed のように過去形の活用が間違っています。(2b)では、noise が通常は用いられない自動詞(非対格動詞)として使われています。(2c)では、動詞 unlock が通常は用いられない結果構文で用いられています。このような点で、(2)の各文は通常は文法規則を誤って適用した過剰一般化の例とみなされます。しかし、これらの過剰一般化は、無作為な間違いではなく、規則(構文文法の用語では、抽象的な構文スキーマ)の体系的な適用によってもたらされるものです。(2a)では、英語の大部分を占める規則動詞(played, grabbed, locked など)から、(2b)では、It {buzzes, crashes, bangs} の

ような類似する意味を持つ動詞が現れる文型から、(2c)では、She {pulled, cracked, broke} it open のような文型から類推が行われています。つまり、(2)における過剰一般化は、動詞に規則を適用する際に、規則性の例外となるような各動詞に固有の制約を学んでいないため、規則が過剰に適用されてしまうため生じると言えます。

　一語文や過剰一般化の例が示すように、子どもが持つ知識は大人が持つ知識とは異なります。例を挙げると、大人にとっては複数の語からなるユニットであっても子どもにとっては一語文であることや、大人にとっては過剰な一般化であっても、子どもにとっては体系的な言語使用であることがあります。そのため、大人が持つ言語知識の観点から子供の言語使用を捉えようとすると、子どもが持つ言語知識を正しく捉えられない可能性が高いでしょう。

　また、子どもが聞く言語的なインプットについても注意が必要です。子どもが受ける言語的なインプットの特徴を、Cameron-Faulkner, Lieven and Tomasello(2003)では、次のようにまとめています。

（3）a.　子どもは1日で、約5,000–7,000の発話を聞く

　　　b.　子どもが聞く発話の3分の1は疑問文

　　　c.　子どもが聞く発話の20％は大人の文とは異なり句や断片的なもの

　　　d.　子どもが聞く発話の4分の1が命令文あるいはコピュラ文

　　　e.　子どもが聞く発話における他動詞(SVO)文の割合は15％であり、その中の80％以上の項が代名詞

また、彼らの他の調査では、母親の子どもに対する発話の半分以上は52の高頻度の定型句(It's ...、Can you ...、Let's ...、Look at ... など)からなることや、母親の発話の約45％がわずか17の単語(That, It, You, Are/Aren't, Do など)のいずれかで始まっていることを報告しています。この事実は、子どもに向けられた自然発話は、書き言葉や他の格式(formality)の高い言語使用とは全く似ていないことを示唆します。

11.2 言語習得の社会・認知的な基盤

　次に、構文を習得するために必要となる社会・認知的な能力について見ていきます。用法基盤モデルでは、文法や語彙に関する知識は言語使用から一般化され定着すると考ますが、最初の一語文を発話するには、その基盤となる社会・認知的な能力の発達を待たなければなりません。

11.2.1 刺激の貧困

　言語知識はどのようにして習得されるのかに関する用法基盤モデルの考え方を見る前に、用法基盤モデルとは対照的な考え方をする辞書・文法モデルにおける言語習得の考え方について見ていきます。

　辞書・文法モデルは、言語知識は主に辞書と文法という厳格に区分される2つの部門からなると考えるモデルですが、辞書的知識と文法的知識では、習得方法が異なると考えます。辞書的知識に区分される語彙に関する知識は言語を使用する中で学習を通して習得すると考えられる一方で[1]、文法に関する知識は、言語使用の中から学習によって習得するのではなく、生得的に備えて生まれてくると考えます。その根拠となるのが、いわゆる「刺激の貧困」として知られる問題です。この考え方では、子どもが生活の中で接する言語に含まれる情報量は文法を習得する上で不十分であると同時に、発話された言語には間違いが多々含まれ、また間違いは必ずしも明示的に直されないため、言語使用からどれだけ一般化や抽象化を行っても、子どもは大人が持っているような抽象的な規則の集合である文法は習得できないとみなします。

　「刺激の貧困」は文法を生得的に持って生まれてくるという生得主義の根拠となります。つまり、生まれた後で、言語使用の中から一般化することで文法知識が得られることを説明できないため、文法知識は生得的に人間という種に備わっている普遍的な言語能力（faculty of language）を用いないと発現しないと考えるのです。人間という種に備わっている文法は普遍文法と呼ばれます。すべての人間は生まれながらに普遍文法を持っており、各自が所属

する言語共同体の中で日本語や英語のような個別言語にさらされることで、個別言語として発現すると考えます。

11.2.2 刺激の貧困は存在するか？

　生得的に文法を備えて生まれてくると考える辞書・文法モデルとは対照的に、用法基盤モデルでは、文法は繰り返し起こる言語使用の中から頻出するパターンが抽出され、それが抽象化していくことで発現すると考えます。辞書・文法モデルと用法基盤モデルの文法に対する捉え方は対立しますが、このような違いがなぜ起こるのでしょうか。実は、この2つのモデルでは、「文法」とは何か、「刺激」とは何かという2つの点に関して大きく見解が異なります。この違いがあるため、辞書・文法モデルでは本質的な問題となる「刺激の貧困」は用法基盤モデルでは問題ではなくなります。以下に、用法基盤モデルが想定する文法と刺激はどのようなものであるかについて見ていきます。

　最初に文法について述べると、用法基盤モデルの想定する文法は、辞書・文法モデルが想定する抽象的な規則の集合である文法とは異なり、抽象度や複雑度が異なる様々な構文のことを指します。例えば、He gave me a nice present という文が発話される過程を見てみると、辞書文法モデルでは、he、give、me、nice、present のような語を組み合わせるための抽象的な規則を文法とみなします。これは構文文法でいうと［X Y Z］のような抽象的な構文（あるいは、スキーマ）に相当します。しかし、用法基盤モデルでは、一般的な言語使用からパターンが抽出されて、そのパターンが徐々に抽象化されていくと考えるため、［X Y Z］のような抽象性の高い構文だけでなく、抽象性や複雑性が異なる［X *give* Y Z］,［*Gimme Z*］,［*Gimme that*］のような具体的な構文も蓄えていると考えます。つまり、［X Y Z］のような抽象的な文法規則だけを「文法」とみなす、辞書・文法モデルとは異なり、構文文法が想定する文法知識には少数の言語事例から一般化されるような具体性の高い構文も含まれます。そのため、子どもが習得する最終点としての文法知識は、辞書・文法モデルが想定するものよりも、用法基盤モデルが想

定するものの方がずっと具体性が高くなります。むしろ、用法基盤モデルでは、辞書・文法モデルが想定するような抽象的な［X V Y Z］のようなスキーマは必ずしも話者が持つ言語知識としては前提になりません。言語使用の中で、具体事例からボトムアップに文法が立ち現れると考えるため、どの程度までパターンの抽象化が進むかは個人差がある問題とみなされます。

図1　辞書・文法モデルの文法と用法基盤モデルの文法

次に刺激、すなわち言語を習得する上で必要となるインプットとは何かについて見ていきます。子供が日々の生活において実際に言語に触れる中で、言語を習得する手掛かりとなる要因にはどのようなものがあるでしょうか。当然、子どもは自分が実際に聞いたり見たりした言語の具体事例の中から単純に類似例を見つけて、類似例を帰納的に推論することで、より抽象性の高いパターンを発見することができます。しかし、同時に、子どもは、言語的な推論の能力だけではなく、強力な社会・認知的な能力も備えており、言語的なインプット以外にも様々な要因を手掛かりにしながら言語を習得していくと考えられます(Tomasello 2003)。

辞書・文法モデルでは、言語使用から抽象的な文法規則を習得するために必要な能力として、おもに、言語使用を用いた帰納的な推論や、パターン同士を結び付ける単純な連想を想定しますが、用法基盤モデルでは、言語習得には、単純な推論に加えて、共同注意や意図理解のような、人間に固有の社会・認知的な能力が必要であり、言語の発達には社会・認知的な能力の発達が不可欠と考えます[2]。次節では、人間に備わった社会・認知的な能力によって言語知識がどのように発現するかを見ていきます。

11.2.3　言語の社会・認知的な基盤

　社会・認知的な基盤が言語を習得する上で不可欠なことは、4, 5 か月頃の幼児の能力を見ると分かります。4, 5 か月頃の幼児は、まだ言語を話すことはできない一方で、簡単な事物や事態を概念化する能力、語のような音のパターンを認識する能力、さらには、知覚した概念と音のパターンを結び付ける能力があります(Tomasello 2003)。つまり、形式を知覚する能力、意味を認識する能力、形式と意味を結び付ける能力という、言語記号を扱うために必要となる能力は 4, 5 か月の幼児も持っていることが明らかになっています。しかし、4, 5 か月の幼児は言葉を使用することができません。

　幼児が言葉を習得し始めるのは、一歳前後と言われますが、言葉を習得するためには、生後 9 か月頃に始まると言われる社会・認知的な能力の変化をまたねばなりません。この社会・認知的な能力には、(i)共同注意、(ii)意図の読み取り、(iii)役割の反転と模倣、(iv)スキーマ化、(v)パターン認識の 5 つが含まれます。言語の習得には社会・認知的基盤が欠かせないと考えると、幼児は、従来想定されているよりずっと多くの情報を、言語を用いたコミュニケーションの現場から取り込んでいることが分かります。

　では、用法基盤モデルが言語習得の基盤として想定する人間に備わった社会・認知的な能力について見ていきましょう。端的に言うと、子どもは言語を習得する前段階として 3 つの段階をへる必要があります。つまり、他者との間に、自己・他者・対象の三者からなる共同注意フレーム(joint attentional frame)を構築し、そのフレーム内で他者の伝達意図を理解して(intention-reading)、その後、他者と役割を交替(role reversal)することで他者の発話を模倣することができるようになる必要があります。

　共同注意フレームは、自己、他者、対象の三者からなるフレームのことです。幼児は、9 か月を過ぎる頃から、視線や指差しなどを利用して、他者(相手)と同じ対象に注意を向けることができるようになります。9 か月以前は、「自己と対象」あるいは「自己と他者」という二項関係(dyadic)の認識だったものが、「自己と他者と対象」という三項関係(triadic)を扱えるようになります。ここで言う対象とは発話の場に存在する様々なものの中から、自己

と他者の注意が向けられたもののことです。例えば、保護者と幼児が部屋の中にある様々なおもちゃの中でぬいぐるみと遊んでいる場合、部屋にある様々なおもちゃの中で、ぬいぐるみだけが共同注意フレームに対象として入るということが考えられます。幼児は、自己、他者、対象からなる共同注意フレーム内で、他者と同じものに注目した状態で他者から発せられる語句を聞くことで、その語句が注目した対象を表していると推測できるようになります。つまり、自己と他者が同じ対象に注目した状態で、幼児が音を聞くことで、音と(指示)対象の結びつきができます。この音と対象の結びつきが構文として習得されます。

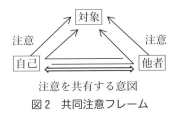

図2　共同注意フレーム

　さらに、幼児は共同注意フレーム内で、他者も自己と同じように対象に注意を向けることに気づくと、他者も自己と同じように心や感情があることを知るようになります。その結果、他者の行為には意味があり、他者の発話には何らかの目的があると解釈するようになります。Tomasello(2003)によれば、12か月頃になると、幼児は他者に心があることを知り、意味のある行為を真似するようになります。この時期の幼児に関する調査では、他者の行為の中でも、偶然行われた行為と意図を持って行われた行為を区別して、意図を伴う行為だけを模倣するようになるという報告もなされています(Tomasello 2003: 83)。

　一般的に、大人による言語コミュニケーションは双方向的であり、話者と聞き手は入れ替わっていきます。同様に、幼児も他者の伝達意図を理解できるようになると、共同注意フレームの中で、自身と聞き手の役割を反転させ、相手の行為を模倣するようになります。例えば、他者がご飯を食べる時に発した「いただきます」という発話を模倣して、今度は自分がご飯を食べる時に「いただきます」と言うようになります。このような他者の模倣は共

同注意フレームの中で、初期の言語習得へ用いられます。幼児は、ある段階において、話者と聞き手の役割が反転することを学ぶと、自分も相手のように物に名前を付けたり、言語によって注意を引くことができることを学びます。このような段階を経て、幼児は、他者が自分に対して言語表現を用いて意図を伝達しようとしたのと同じように、他者に対して、言語表現を用いて自らの意図を伝えようとするようになります。

　生後 9 か月ごろには、社会的な能力と同時に、認知的な能力も発現してきます。発現する認知能力には、パターン認識とスキーマ化の能力があります。パターンの認識(pattern recognition)の能力は、類似した語の中から規則性を知覚する際に用いられます。8 か月を過ぎると子供は新しい言語表現を聞いたときに、その中にある規則性を知覚するようになります。一例を挙げると、特定の音節の共起頻度が高い場合、最初の音節を聞くと次の音節を予測することができるようになります。同時に、規則から逸脱している音節のつながりに対しても特別な注意を払うようになります。

　また、スキーマ化の能力とは類似したパターンの中から共通する成分を抽出する能力です。例えば、where's daddy?、where's milk?、where's doggie? から where's X というスキーマが、more juice、more bread、more ice cream から more X のようなスキーマが抽出されます。初期のスキーマは固定された部分である軸(pivot)と変項(open slot)からなります。繰り返される発話の中からパターンを認識して、認識したパターンから抽象的なスキーマを抽出することで、徐々に抽象的な言語知識についても習得していきます。

　このように、用法基盤モデルでは、社会的な能力と認知的な能力を子どもが身につけることで、言語習得が始まると考えます。重要なのは、これらの能力は、言語に特化した能力ではなく、人間が持つ一般的な社会的・認知的能力であることです。例えば、これらの能力は、ジェスチャーやホームサイン[3]のような非言語的なコミュニケーションを習得する際にも用いられます。また、スキーマ化やパターンの認識といった認知的な能力については、人間以外の霊長類にも見られますが、共同注意、意図の理解、役割の反転と模倣のような社会的な能力は人間という種に固有の能力です(Evans 2014)。

11.3 ボトムアップの言語習得

11.3.1 単文レベルの構文の習得：一語文から項構造構文へ

　前節でみたように、一般的に、子どもは 9 か月頃までに他人と意図を共有したりパターンを認識したりできるようになり、言語を習得するための基盤が整ってきます。これらの能力を使い、子どもは自らが聞いた発話の中から、発話の意図と結びついた音声的なパターンを見つけていきます[4]。子どもが最初に習得するパターンは先に述べた一語文に相当します。一語文は、1 つのイントネーションのまとまりが、1 つのコミュニケーションにおける意図と対応するものです。一語文は 2 つの方向で、その後の言語習得を促進する基盤となります。例えば、Gimmedat という一語文は、give、me、that という 3 つの（形式と意味の対からなる）構成要素に分割されることで、その後の単語の学習が促進されます。また、一語文と類似した Gimme water、Gimme juice などのパターンを聞くことで、共通部分が抽象化され、[Gimme O] のような抽象的な構文の習得が進みます。

　一語文から抽象的な構文への習得の段階は表 1 のようにまとめることができます。表 1 は二重目的語構文の習得の過程を示しています。

表1　一語文から抽象的な項構造構文へ

一語文	→	語結合	→	軸スキーマ	→	語彙項目構文	→	抽象的な項構造構文
Gimmethat	→	Gimme that	→	Gimme Z	→	X give Y Z	→	X V Y Z

　以下に、一語文から抽象的な構文を習得する経路を順に見ていきます。子どもが最初に習得するパターンは何らかの発話の意図と結びついた一語文ですが、18 か月ごろになると語や一語文をくっつけて使用する語結合を行うようになります。語結合は一語文とは異なり、形式的にも意味的にも部分への分解が可能です。一方で、語結合は、語と語の結びつきであり、「動詞＋名詞」のような品詞レベルの結びつきではありません。語と語の結びつきは

その後、より体系的なパターンへと発展します。つまり、語結合の中の特定の語が発話全体の機能を決めるうえで決定的な役割を果たすようになります。例えば、More milk、More juice、More water では、More を中心とした 'More ＿＿' の下線部の位置に、milk、juice、water のような様々な語が入ることで、文全体が要求という行為を行っています。ここでは、more が軸となり、文全体が構成されるので、軸スキーマ（pivot schemas）と呼ばれます。軸スキーマはまだ大人が持つ文法とはかなり異なるものであり文法関係を表しません。軸スキーマは一般的に一貫した語順で現れますが、これは、子どもが大人の発話で聞いた語順を直接的に再生産しているからであり、語順が文法関係を表しているわけではありません。

　軸スキーマは1つの単語を中心としたパターンですが、軸スキーマからさらに抽象化が進むと、語順や活用のような文法的な性質がパターンの不可欠な一部になってきます。特定の語を中心としたこのようなパターンは語彙項目構文と呼ばれます。語彙項目構文は軸スキーマとは異なり、名詞の形態的な変化や語順などの文法的な要素も含みます。例えば、I love Mary と Mary loves me のように語順が違うと意味が異なり、また、出現位置の違いによって I と me のように形が変わります。

　しかしながら、このような文法的な性質は品詞全体に体系的に適用されるわけでなく、最初は特定の語に見られるのみです。動詞を例にすると、子供はまだ、同じ主題役割と項の数を持つ動詞群を1つのまとまりとしてみなすことはせず、動詞ごとに異なるパターンの文型を身につけていきます。それぞれの動詞が独自に進化していくため、各動詞が持つ特性が最初は離島のようにつながりがないという仮説は動詞島仮説（Verb Island Hypothesis）と呼ばれます。

　子どもが軸スキーマや語彙項目構文のようなスロットに具体的な語が入った構文に関する知識を持っていることは、Lieven et al.（2003）の創造性の実験からも示唆されます。Lieven et al.（2003）では、6週間にわたり、週5日、一日一時間の2歳児のデータをもとに創造性を計測することで、2歳児は驚くほど保守的な言語の使い手であることを明らかにしました。ここでは、子どもが発話した複数の語からなる全発話295例と、それ以前に親や子ど

自身によって話された発話を比較して、「発話の一部を置き換える」、「語を付け加える」、「語を削除する」、「語を挿入する」、「語順を変える」のような創造的な変化がどの程度見られるかを測ったところ、複数の語からなる全発話 295 例の 63 ％にあたる 186 例は先行発話と同一の発話を行っていました。また、先行発話と異なる発話をした 109 例のうち、81 例は一か所の変更のみである一方で、3 か所以上の変更がある文の発話は全体の 2 ％に相当する 6 例のみでした。ここから子供は保守的な言語使用者であり、ほとんどの場合は構文として習得されたすでに知っている句をそのまま使うかあるいはほんの一部だけ変更させて使うことが示唆されます。

　2 歳から 3 歳の間に、多くの子どもたちはより抽象的な構文を学び始めます。この時期になると、子どもは各動詞の特性の間に見られる共通性に気づきます。そのため、動詞ごとに異なる構文を設定するのではなく、より抽象的な動詞の意味に左右されない抽象的な構文が誕生し始めます。いくつか抽象的な構文の例を挙げると、コピュラ構文、自動詞構文、他動詞構文、二重目的語構文、結果構文、受動態構文、再帰構文、命令構文、疑問構文などがあります。

11. 3. 2　複雑な構文の習得：wh 疑問構文、補文節構文、関係節構文

　前節では、パターンの認識やスキーマ化などの人間が持つ一般的な認知的な能力によって、一語文から段階を経て抽象的な項構造構文が出現する点を見ました（表 1 を参照）。しかし、構文の中には、項構造構文に比べてさらに複雑な構造を持ち、一般的な認知能力だけではどのように習得するのか説明するのが難しく思えるような構文も存在します。

　文法の生得性を掲げる言語学では、項構造構文については人間に備わった一般的な認知能力による説明が可能であると認める研究者もいますが、通常、複雑な構文については、言語使用を一般化していくだけでは習得できないと考えます。しかしながら、言語の習得を注意深く見ていくと、複雑な構文と項構造構文の習得では、すでに記憶している表現から少しずつ一般化をしていくという共通点が見られます。本節では、複雑な構文を習得する例と

して、wh 疑問構文、補文節構文、関係節構文について見ていきます。どの構文を習得する場合であっても、子どもは極めて保守的な言語使用者であり、創造性を駆使して文を発話するのではなく、ありあわせの言語知識を切り貼りして他者に自分の意図を伝えようとしています。

　Dąbrowska and Lieven（2005）では、2 歳と 3 歳の子どもの英語の wh 疑問構文の習得において、子どもが発する wh 疑問文の多くは聞いた音の連続をそのまま繰り返すだけであること、また、新奇表現の多くも、すでに聞いたことのある連続から一か所変更しただけであることを明らかにすることで、wh 疑問文の習得も、より具体的な構文の習得と同様に、親あるいは子ども自身によって以前に発話された表現が再利用されている点を明らかにしました[5]。

　同様に、Diessel and Tomasello（2001）では、補文節構文（complement clause construction）の習得においても子どもは自分が慣れ親しんだパターンをつなぎ合わせることで発話している点を明らかにしました。この調査では、子どもが最初に用いる補文節構文（いわゆる、補文構造）は単純かつパターン化した他動詞文の中で見られ、動詞の位置には 2 つの典型的なタイプが現れることを明らかにしています。1 つ目のパターンでは、think や know のような認識を表す動詞が現れます。think を例にすると、形式の面では、I think SV という、一人称、現在形、肯定文の形で用いられており、補文標識の that は現れません。また、意味の面では、maybe のような法副詞と同様に、話者の事態に対する確信度の低さを表す機能を持っており（{I think/maybe} it's good.）、I think は自分の考えの不確かさを表す定型句であることが確認されました。2 つ目のパターンには、look や see などの注意をひくために使われる動詞が含まれます。この場合、ほぼ例外なく、命令文の形で用いられ、Look he's gone のように命令文の形で用いられていました。どちらのパターンでも、初期の子どもの文法では、補文節構文は統語的な埋め込み文というよりも、すでに知っているパターンを寄せ集めてつないだもののように見えます。また、機能の面では、大人の文法における主節と従属節の役割が逆転をしており、従属節が文の骨格となる事態を表す一方で、主節は話者の心的態度を表すような談話標識的であったり（I think/You know）、他者の注

意を引く表現(Look/See)であったりします。

さらに、子どもが用いる初期の関係節構文(いわゆる、関係詞節)にも一定のパターンが見られます。関係詞節もいわゆる埋め込み構造が見られるため、複雑な構文と言えます。

(4)a.　Here's the toy that spins around.

　　b.　That's the sugar that goes in there.　　　　　(Tomasello 2009: 100)

Diessel and Tomasello(2000)では、1歳9か月から5歳2か月の子どもの発話を考察することでこの時期の子どもが発話する関係節はほとんどすべてが(4)のような文の形で用いられているという驚くべき事実を明らかにしました。これらの文ではHere'sやThat'sなどの主節はすでに学んだ何かを提示するために使われる定型句である一方で、関係節内の情報は新しく談話に導入される新情報です。複雑な関係節であってもその習得には、すでに知っているbe動詞を用いた定型的な提示文(That's NPやHere's NP)が用いられています。

このように、初期の言語習得においては、単純な構文であっても複合的な構文であっても、すでに知っている定型的な短い句を繰り返したり、その一部にわずかな変更を加えたりすることで構文の習得が進むと考えられます。

11.4　過剰一般化をどのように防ぐか

用法基盤モデルでは、子どもがボトムアップで言語知識を抽象化していくと考えますが、大人が持つ文法知識がどのように生じるのかを説明するためには、類似したパターンから抽象的なパターンを抽出する過程だけでなく、各語に固有の制約や、少数の語のグループだけに共通してみられる制約がなぜ生じるのかを説明していく必要があります。例えば、5章でも扱った構文の交替現象を例にしてみると、類似した意味を持つ動詞でも、交替が見られないものもあります。

（5）a. He gave/sent/bequeathed/donated his books to the library.

 b. He gave/sent/bequeathed/ *donated the library his books.

（6）a. She said/told something to her mother.

 b. She *said/told her mother something. （Tomasello 2009: 81）

(5)が示すように、譲渡を表す類義的な動詞の中で、donate は構文交替できません。(6)でも同様に、類義語である say と tell の中で、二重目的語構文で用いられるのは、tell だけです。他にも様々なタイプの交替現象は、一部の動詞にしか適用がなされません。言語習得の理論における最終的な目標は、大人が持つ言語知識はどのようにして習得されるかを明らかにすることである以上、これらの交替現象において、類似した意味を持つ動詞の一部だけがなぜ交替ができないのかという、個々の動詞が持つ制約についても考える必要があります。

　制約がどのように生じるかについては、一般的には、子どもは聞いた文しか発話をしないという原則が当てはまりそうです。二重目的語構文で用いられた donate や say を聞くことはほとんどありません。さらに、大人は必ずしも子どもの文法を直すことはしませんが、正しい文と間違った文を子どもが発話した際に、異なる反応を示すことは報告されています(e.g. Bohannon and Stanowicz 1988)。このような反応の違いも過剰な一般化を防ぐ制約を形成する要因の 1 つにはなるでしょう。しかしながら、異なる反応だけでは、子どもの中に、制約を作るうえで十分な刺激が与えられているとは言えません。Tomasello(2009: 102–103)では、用法基盤モデルにおける、過剰な一般化を防ぐ 3 つの制約を示しています。

　1 つ目は、語が特定の構文に定着することで引き起こされる制約です。ある動詞が特定の構文の中だけで用いられているのを聞く頻度が高くなるほど、動詞とその構文の結びつきが強くなり、その動詞が他の構文で使用されにくくなります。動詞と特定の構文との結びつきが極めて強くなり、他の新規の構文内では現れにくくなるようになると、規則が適用できない例外となります。

　2 つ目は、ある構文の存在が、他の構文の一般化を阻害(preempt)すると

いうプリエンプションによる制約です。動詞を例にすると、ある動詞がある構文内で用いられ、一定の機能を持つとき、その動詞は同等の機能を持つ他の構文内で現れることが阻止されます。disappear を例にすると、もし、子どもが、He made the rabbit disappear という文を聞くと、それによって、同種の意味を持つ構文の一般化が阻害されるため、disappear が He disappeared the rabbit のような他動詞構文で出現することに対して制約が働くと考えられます[6]。

　3つ目は、動詞の意味クラスに関する制約です。これは、品詞のような大きな分類ではなく、その中の特定の下位グループだけに適用されるような制約のことです(Pinker 1989)。例えば、英語の移動動詞には、移動の様態が動詞によって表される様態動詞(walk、run、swim、drive)と移動の経路が動詞によって表される経路動詞(come、go、fall、rise)がありますが、他動詞で用いられるのは、様態動詞のみという特徴が見られます(I walked my dog in the park、He drove a car to Tokyo)。様態動詞と経路動詞の区別は、移動動詞を他動詞化する際の制約として機能しますが、一方で、このような下位のクラスをどのようにして習得するかについては議論が続いています。

　過剰一般化がなぜ起こらないのかという点は、用法基盤モデルだけでなく、すべての言語習得の理論にとって重要な問いです。各理論では過剰一般化を起こさないための制約がどのようなものであり、どのように習得できるかを研究しています。用法基盤モデルでは、定着化、プリエンプション、動詞の意味クラスによる制約が、過剰一般化の防止に役立つと考えています。Tomasello(2009: 103)では、3才以前ごろから定着化による制約が、5才以降に動詞の意味クラスやプリエンプションによる制約が機能し始めると主張しています。

　本章では、用法基盤モデルに基づく言語習得を見てきました。本章で見たように、近年の用法基盤モデルに基づく研究によって子どもは保守的な言語使用者であり、すでに知っている句をつなぎ合わせるなど、ありあわせの要素を用いて発話をしていることが分かってきています。この点を考慮すると、一語文から段階的に抽象化が進むことで文法が発現すると考える用法基盤モデルが示すような言語習得の妥当性が見えてきます。一方で、言語の一

第 11 章　構文の習得　203

般的な文法規則の例外となるような各語に特有の制約や、少数の語群にだけ見られる制約がどのようにして生じるのかについては、まだまだ研究の余地がたくさん残されており、今後、学際的な視点からさらに研究が必要な分野と言えます。

■　問題

1　過剰一般化とはどのようなものであり、なぜ言語習得において重要であるか考えてみよう。

2　一語文とはどのようなものであり、なぜ言語習得において重要であるか考えてみよう。

3　共同注意フレーム、意志の読み取り、役割の交換がなぜ、言語を習得する上で必要と考えられるのか説明してみよう。

4　用法基盤モデルでは、文法的な知識も語彙的な知識も学習によって習得すると考えるモデルである。本文でも出てくる、Gimmedat を例にして、どのようにして文法的な知識と語彙的な知識が出現するか説明してみよう。

5　You know it's no problem のような複雑な構文はどのようにして獲得されるか考えてみよう。

■　読書案内

　用法基盤モデルに基づく言語習得については、児玉・野澤(2009)「言語習得と用法基盤モデル」に詳しくまとまっています。簡易版としては、早瀬・堀田(2005)の 7 章が便利です。詳しく勉強をしたい方は、Tomasello(2003)を参照してください。また、言語の生得性を論じた一般書には Pinker(1994)が、その反論には Evans(2014)があります。

1　辞書・文法モデルでは、イディオムに関する知識も語彙に関する知識と同様に学習により習得されると考えます。

2　単純な推論の能力は、他の霊長類や 9 か月以前の幼児も持っていますが、彼らは言語を理解・産出することができません。

3　ホームサインとは手話を身につけてない、孤立している聴覚障害者が、身近な人

とコミュニケーションする時に使用する身振り手振りのことです。手話とは異なり、文法が無いとされます。

4　本章では、音声言語を用いて言語習得の説明を行っていますが、視覚的な言語である手話の場合、学習者は発話の意図と結びついた視覚的なパターンを見つけていきます。

5　先行する発話と共通した形式や意味を用いることは響鳴と呼ばれます。堀内（2017）では、響鳴が前置詞の習得を促している点を示しています。

6　プリエンプションが過剰な一般化を防ぐ要因となる点については、Goldberg（2019: ch.5)を参照して下さい。

第 12 章　これからの構文研究

【キーワード】構文の実在性、変種、構文化、パラ言語的・非言語的要素

　本書をこれまで読んできた皆さんは、共感できたかどうかは別として、構文文法の基本的な考え方についての理解が進んだと思います。構文文法はまだ発展中の若い学問ではありますが、「人間が持つ言語知識とはどのようなものであるか」という根本的な問いを立て、体系的な学問を目指しながら、様々なタイプの構文の研究を進めています。本書の最終章である 12 章では、これまでに行われた構文文法の研究から今後の展開へと視点を変え、構文文法の研究パラダイムがどのような方向に進んでいくかについて考えていきたいと思います。近年、構文文法の研究は、コーパスの使用や心理実験の導入のような方法論の発展や、談話的・社会的・文化的な視点の導入によって、より実証的かつ学際的な方向へと向かっていますが、この傾向はさらに強まると思われます。

　12 章では、12.1 節で、これまでの構文研究のまとめを行いながら、構文文法の研究が言語学の分析にもたらした利点について見ていきます。12.2 節から 12.4 節では、今後の構文研究が向かうであろう 3 つの方向を示していきたいと思います。12.2 節では、「構文の心的な実在性」を追求する研究を紹介します。構文の理解と産出に関する研究に焦点を当てながら、構文という単位が実際にどのような形で心の中に蓄えられているかを捉える方法について検討します。12.3 節では、「構文の変種」を捉える研究について見ていきます。構文に関する知識は個人差があると同時に、言語共同体の中で蓄積されていきます。社会言語学や歴史言語学の視点を取り入れた学際的な構

文の研究を紹介しながら、通時的・共時的に広がる構文の変種について見ていきます。12.4 節では、構文の形式面の研究の広がりを紹介します。言語的要素と非言語的要素の接点となるマルチ・モーダル構文を紹介することで、意味に対して注目度が低くなりがちな、構文の形式とは何かについて検討していきます。12.5 節では、簡単な結びの言葉を記します。

12.1 構文文法のまとめ

本節では、本書で論じてきた構文文法の考え方をまとめながら、構文文法を言語分析に用いる利点について見ていきます。最初に、構文文法の考え方を、箇条書きでまとめます。

〈構文全体について〉
① 構文は形式と意味の対からなり、全体がまとまりとして記憶に蓄えられる（1.1 節）。
② 構文には、形態素や語のような複雑性や抽象性が低いものから、項構造構文のように、複雑性や抽象性が高いものまでさまざまなタイプが存在する（1.2 節）。
③ 構文の形式が異なれば意味が異なる。（5.3 節）
④ 構文の形式的な類似性は意味的な類似性を予測する。（5.3 節）

〈構文の習得について〉
⑤ 構文に関する知識は発話の場で繰り返し生じる言語表現から抽出され出現する。（7 章）
⑥ 構文を習得する前段階として、共同注意フレームを構築する等の社会・認知的な能力の発達を待つ必要がある。（11 章）

〈構文を用いた言語活動について〉
⑦ 構文は話者が言語産出や言語理解などの言語活動を行う際の基盤となる。（10.4 節、12.2 節）
⑧ 言語の理解が可能であるのは、外部からの言語的なインプットによって構文のネットワークの一部が活性化され、意味が頭の中で構築され

第 12 章　これからの構文研究　207

るからである（6.3 節）。

〈言語知識としての構文ついて〉

⑨　構文は構造化されたネットワークをなし話者の言語知識を構成する
（7.3 節）。

⑩　構文に関する知識には、構文が使用される頻度、構文が出現しやすい
言語使用域、構文の談話的機能や対人機能など、言語使用の場におけ
る様々な情報が含まれる（10 章、12.3 節）。

①から⑩で挙げたように、構文は言語知識の中核をなし、私たちが日々行う
言語活動を支えます。本書をこれまで読んできた方はもうお気づきだと思い
ますが、この①から⑩の特徴は、それぞれが独立した特徴ではなく相互に関
連しています。この関連性を産み出す土台となるのは用法基盤モデルです。
人間が持つ言語知識は文法であれ語彙であれ、言語使用の場で繰り返し用い
られる表現がパターンとして認識され、それが抽象化していくことで文法が
誕生すると考えると、①から⑩のそれぞれの特徴が、用法基盤モデルが想定
する文法の一側面であることが分かるでしょう。

12.1.1　構文文法と伝統的な言語学

　構文文法では用法基盤モデルを採用し、人間が持つ言語知識は言語使用の
中で繰り返し用いられるパターンが抽象化され生じると考えます。この考え
方に基づくと、伝統的な言語学では本質的な区分とされている言語学の下位
部門についても異なる捉え方をする必要がでてきます。伝統的な言語学は、
音韻論、形態論、統語論、意味論、語用論などの下位の部門に細分化されま
すが、構文文法では次のような区別はなされません。

①　形態論 vs 統語論：両者は不可分であり、ともに構文の形式を扱う

②　意味論 vs 語用論：両者は不可分であり、ともに構文の意味を扱う

③　辞書的意味 vs 百科事典的意味：両者は不可分であり、ともに言語を
産出・理解する上で重要である

④ 語彙 vs 文法規則：両者は不可分であり、ともに抽象性や複雑性が異なる構文である

構文文法では、従来の言語学で細分化されている区分に対して、厳格に区別できるものではなく、連続的なものとして捉えます。ここで例として、形態論と統語論の区別に注目すると、形態論には屈折や活用、統語論には項構造のような典型的な現象がある一方で、形態論と統語論それぞれの周辺的な領域では、両者の特徴を兼ね備える多くの現象が存在します。例えば、the king of England's daughter のような英語の群属格では、句全体が属格となっているため形態論と統語論が関わっていますし、Dolly gave him a what-the-hell-are-you-doing look の what-the-hell-are-you-doing の語形成には統語的な規則が関わっています。さらに、言語を通時的に見ると、文法化や語彙化のように統語的な組み合わせが段階的に語になっていく過程も見られます[1]。また、英語のような屈折語や日本語のような膠着語とは異なり、抱合語（polysynthetic language）では、動詞のような単語の中に多数の意味的または文法的な単位が複合されることで、語自体が文に相当する意味を表現するため、形態論と統語論の区別は意味をなしません[2]。同様に、意味論と語用論の区別、辞書的意味と百科事典的意味の区別、語彙と文法規則の区別についても両者の間に違いはありますが、厳密に区分されるものではなく連続的と考えます。

12.1.2 構文文法を用いた分析を行う利点

次に、構文文法の観点から考察を行う利点をまとめます。構文文法に基づく言語研究が広がることによって特に研究が進んだトピックとして、次の4点が挙げられます。

① 動詞の創造的使用：構文文法の理論としてのインパクトは動詞の創造的な使用（動詞が本来持つと考えられる項よりも文の中で多くの項を持つ場合）の説明です。これまで見てきたように、各動詞は内在的に

持つ事態構造よりも複雑な事態で現れますが、動詞とは独立した項構造レベルの構文が存在すると仮定することで、He sneezed the napkin off the table のような動詞の創造的な使用を説明できます(4.2 節)。(Goldberg 1995; Talmy 2000)

② 部分からは導かれない全体の意味：構文文法では、部分に還元できない全体の意味を考慮します。実際の言語表現では、全体の意味が部分から完全に予測できる(full compositionality)ことはほとんどありません。複数の要素からなる構文を設定して、構文の理解には百科事典的意味が関わるとすることで、部分には還元できない表現全体の意味を扱うことができます(1.4 節)。(Fillmore et al. 1988)

③ 日常言語に見られる頻度の偏り：構文文法では、繰り返し生じる言語使用の中から文法が生じると考えるため、インプットの段階で見られる様々な頻度の偏りが文法に反映されると考えます。頻度の偏りは、Evans(2014)でも言語の設計特徴(design feature)に挙げられていますが、構文文法の背景となる用法基盤モデルは、頻度の偏りのような言語の本質的な特徴がなぜ生じるのかを予測します(3.4 節)。(Taylor 2012)

④ 言語知識の具体性：構文文法では抽象的な項構造構文の存在を自明のものとせず、人間の言語知識の中心は定型表現等の具体性の高い構文知識であると想定します。この考え方は、人間はありあわせの具体的な言語知識をつなぎ合わせることで、言語活動をしているとする考え方を支持します(5.4 節、7.1 節)。(Tomasello 2003)

このように、これまでに構文文法では、言語の構造や機能に関して多くの示唆を与えてきました。次節からは、過去の研究から未来の研究へと視点を変えて、今後の構文文法の研究が取り組むであろう 3 つの課題についてみていきたいと思います。

12.2 構文の心理的な実在性

構文文法が今後取り組むべき1つ目の課題は、構文の心理的な実在性の提示です。これまで本書では、構文という単位を設定することで、妥当な説明を行うことができる言語現象を紹介してきました。例えば、構文文法の考え方を採用することで、構文間の意味の差異(二重目的語構文と to 与格構文など)、動詞の創造的な使用(He kicked Bob the ball など)、言語の形式や意味における不規則性(by and large など)等に対して、構文が持つ特徴や効果の観点から説明することができます。

構文文法の考え方を肯定的に捉えている読者の皆さんは、本書を読み進めるにつれ、構文効果が観察される現象の数が増えていくため、構文文法の観点から言語を見る必要性を徐々に感じるようになってきていると思います。一方で、構文文法に否定的な見方をする読者の皆さんは、どれだけ構文効果が見られるように思われる事例を挙げたとしても、その効果が本当に構文によってもたらされるものなのかをはっきりさせないと、構文が実在する証拠としてみなさないかもしれません。

構文の実在性をより確実に示す証拠には、特定の条件下で再現が可能な行動証拠(behavioral evidence)があります。ここで、実験に基づく証拠(行動証拠)と観察に基づく証拠の違いを説明すると、例えば、ヨガをすることが健康に良いことを示す場合、観察に基づく証拠では、ヨガのレッスンを受けた後で、受ける前に比べてどれくらい体調が良くなったかを計測します。ヨガを行った後で、ヨガを行う前よりも体調が良くなった場合、その観察を根拠として、ヨガには体調を良くする効果があると主張します。一方、行動証拠では、ヨガを行うグループと行わないグループに分けて、それぞれのグループではどれくらい体調が良くなかったかを比較します。両グループの間に有意な差が見られた場合、ヨガをすることが体調の良さ(あるいは悪さ)に影響を与えるとみなします。観察に基づく証拠の場合、ヨガ以外の要素が体調に影響を与えている可能性を排除できないので、ヨガが本当に体調に影響を与えるかどうかの直接的な証拠にはなりません。一方、行動証拠では要因を統制してヨガをする場合としない場合の両方を観察して比較することにより、

ヨガをすることの健康に与える効果が明らかになります。また、同一の条件で実験を行うことで、実験の結果は再現することができます。

　構文についても、統制された環境下で実験をすることにより、行動証拠を示すことができます。一例を挙げると、Bencini and Goldberg(2000)では、4つの動詞(throw、get、slice、take)と4つの構文(他動詞構文、二重目的語構文、使役移動構文、結果構文)のかけ合わせからなる16の文を、類似性に基づいて4つのグループに分類させる言語理解の実験を行いました。この実験では、グループに分ける際の手掛かりとして、どのような要素に注目しているかについて検証することが可能です。表1はBencini and Goldberg(2000)が実験に用いた16の例文です。

表2　Bencini and Goldberg (2000) で用いられた例文

		構文			
		他動詞構文	二重目的語構文	使役移動構文	結果構文
動詞	throw	Anita threw the hammer.	Chris threw Linda the ball.	Pat threw the keys onto the roof.	Lyn threw the box apart.
	get	Michelle got the book.	Bethe got Lyn an invitation.	Laura got the ball into the net.	Dana got the mattress inflated.
	slice	Barbara sliced the bread.	Jennifer sliced Terry an apple.	Meg sliced the ham onto the plate.	Nancy sliced the tyre open.
	take	Audrey took the watch.	Paula took Sue a message.	Kim took Sue a message.	Rachel took the wall down.

表1が示すように、実験に用いられた16の文では4つの動詞が共有されていますが、それ以外の内容語はすべて異なります。Bencini and Goldberg(2000)では、17名の被験者に16の例文を4つのカテゴリーに分類する課題を与えることで、7名が完全に構文ごとの分類を行い、残りの10名の分類にも、動詞に基づく分類だけでなく、構文に基づく分類が混ざっていることを明らかにしました。この結果は、文の類似性を認識するという言語の理解に、動詞という語彙的な要素だけが影響を与えるのではなく、項構造構文と

いう抽象的な構文が関わっていることを示します。そのため、被験者が項構造構文のような抽象的なパターンを知識として蓄えていることが分かります。

　次に、言語産出に注目をした、構文の行動証拠を示す実験を紹介します。Gahl and Garnsey（2004）では、動詞と構文の結びつきの強さを、動詞を発音する際の音の性質に注目して論じています。実験では、（1）のような文を被験者に読ませ、その際に動詞が発音される長さを計測しています。

（1）a.　The director suggested the scene should be filmed at night.

　　　b.　The director suggested the scene between Kim and Mike.

　　　c.　The confident engineer maintained the machinery of the whole upper deck.

　　　d.　The confident engineer maintained the machinery would be hard to destroy.

（1）の文に含まれる動詞 suggest と maintain はともに他動詞であり、動詞の後に、that が使用されない補文節と、and をともなう複合的な名詞句の両者を目的語として取ることができます。ただし、suggest と maintain では、suggest は補文節を取る傾向が高く、maintain は名詞句を取る傾向が高いという違いが見られます。被験者に（1）の文を音読させたところ、動詞と構文の結びつきの強さと、動詞の発音の短さには相関関係が見られることが分かりました。すなわち、suggest、argue、believe など that 補文節構文と結びつきが強い動詞の場合、that 補文節が後続すると動詞が短く発音される一方で、maintain、accept、advocate などの複合名詞句構文と結びつきが強い動詞では、複合名詞句構文が後続すると動詞が短く発音されました。この実験で観察された動詞の発音の短さは、動詞と抽象的な構文の結びつきを反映するものと考えられます。つまり、結びつきが強く、動詞から構文を予測できる場合は明瞭に発音をする必要はない一方で、結びつきが弱い場合、動詞から構文が予測しにくいため、はっきりと明瞭に発音をするようになると考えられます。

一般的に、構文文法は、構文に関する知識は言語使用の中から生じると考える用法基盤モデルを取るためコーパスなどを用いた自然発話に基づく分析を推奨する傾向にあります。構文を研究する際に、発話された言語の観察から一般化を行うという手法は重要ですが、構文の実在性について論じる場合、自然発話から観察される事実に加えて、実験を組み、特定の条件下で再現が可能な行動証拠を示すことも必要です。複数の調査や実験から収束的な証拠(convergent evidence)を示すことができると分析の実証性は高まります。今後の構文文法や認知言語学では、心理学者をはじめとした隣接する学問の研究者と協力をしながら、(i)コーパス等を用いた自然発話の分析、(ii)統制された環境での作例の分析、(iii)心理実験、の三者を組み合わせるという学際的な研究が盛んになると考えられます(Ellis, Römer and O'Donnell 2016; Goldberg 2019)。

12.3 構文の変種

構文文法が今後取り組むべき 2 つ目の課題は、地理的あるいは歴史的に広がっていく構文の変種の研究です。本書では、これまで、現代英語を対象として、英語の使用者が持つと考えられる言語知識を考察してきました。ここで議論されていない点は、はたして英語の使用者とはどのような人のことであるかという点です。本書の 2 章で紹介をした辞書・文法モデルは、言語の使用者に関して「理想的な母語話者」を想定して「理想的な母語話者の頭の中にある文法体系」を解明することを目的とします。そのため、言語の各話者が持つ実際の言語体系の違いは捨象され、言語体系は均質的なものとみなされます。一方で、これまでの話し言葉と書き言葉の研究、方言研究、文体論、社会言語学、歴史言語学の研究が明らかにしてきたように、言語には言語使用域(register)に特有の特徴が多く見られます。従来の構文文法ではこのような各言語使用域に特化した用法はそれほど注目されず、言語使用者が持つ言語知識をいわば均質的な体系とみなしながら研究が行われてきました。しかし、言語使用者が持つ言語知識がまとまりのある 1 つの体系かどうかは前提とされるべきではなく、各言語使用域の研究の結果として導か

れるものです。ここでは、地域的な方言と英語の歴史（通時的な方言）における英語の多様性を見ていきます。

　地域方言の研究は、ある言語の母語話者の文法知識が必ずしも、均質的ではないことを示します。（2）を見てください。

（2）a.　The small town does not have a gas station.

　　 b.　The small town hasn't got a gas station.

　　 c.　The small town ain't got no gas station.

（2）は「村にはガソリンスタンドが1つもなかった」という意味を表します。一般的には、（2a）は標準的とされますが、（2b）のような話し言葉に広く分布している表現や、黒人英語（AAVE）などに広くみられる（2c）のような表現もあります。（2c）は標準英語では非文法的とされるように、話者により容認可能性が異なります。他にも黒人英語の特徴を1つ挙げると、黒人英語の話し言葉には、been に強勢が伴い /bíːn/ と発音する単語があります。これはアメリカの標準英語の been に近いものですが、独自の意味が見られます。（3）の例を見てください。

（3）　A: Is she married?

　　　B: She been（/bíːn/）married.

Rickford（1983）では、（3）の会話の後に、25人の白人と25人の黒人に対して、彼女は現在結婚をしているかとの質問をしたところ、黒人の被験者は圧倒的に、「はい」と答える一方で、白人の被験者で「はい」と答える人はごくわずかであることを示しました。ここから、黒人英語には標準的なアメリカ英語にはない構文の存在がうかがえます。アメリカの標準的な英語における She has been married は過去のある時点で結婚していたことを表すため、（3）のような会話の中では現在はすでに結婚していないという含意が生じます。一方、黒人英語に見られる強勢を伴った been は遠い過去に行った行為や生じた事態が現在まで続いていることを表す語彙構文であるため、現在で

第 12 章　これからの構文研究　215

も結婚しているという意味になります。

　方言による構文知識の違いは項構造構文でも見られます。例えば、英語の
二重目的語構文には、主語の行為の結果、目的語である受領者が対象を受け
取るという意味があるため、目的語には人間をはじめとした有生物が用いら
れるという制約があるとされます。しかし、Bresnan and Hay(2008)による
アメリカ英語とニュージーランド英語の比較では、両者では受領者の有生性
に関して違いが見られ、無生物の受領者がほとんど見られないアメリカ英語
とは対照的に、ニュージーランド英語では、give the door a push(ドアを押
す)give the economy a boost(経済を強化する)のような無生物の受領者も見
られる点が報告されています。

　同様に、Wulff et al.(2007)では、(4)のような into 使役構文においてアメ
リカ英語とイギリス英語では動詞の使用に差が見られる点を明らかにしまし
た。

(4)a.　He tricked me into believing the story.(彼は騙して私にその話を信じ
　　　　させた)
　　b.　They forced him into signing his resignation.(彼らは彼に辞職を強い
　　　　た)

into 使役構文は、主語となる使役者が、動詞が表す行為を通じて目的語が表
す被使役者に働きかけることで、被使役者に何らかの行為を行わせることを
表します。Wulff et al.(2007)によるコーパスの調査では、アメリカ英語で
は、説得によって何らかの行為をさせる動詞(talk、coax、entice)が好まれ、
イギリス英語では、暴力等の物理的な行為によって何らかの行為をさせる動
詞(bounce、push、throw、force)が好まれることを明らかにしました。

　言語には地理的な広がりだけでなく、歴史的な広がりもあります。よく知
られているように、古英語と現代英語は発音、語彙、文法などあらゆる面で
大きな乖離が見られます。歴史的な広がりは、言語がどのように進化してき
たかという系統発生を見るうえで欠かせないものです。本書ではこれまで話
者が持っている構文に関する知識がどのようにして獲得されるかという個体

発生については 11 章で見てきましたが、ある個別言語の中で、どのように
して語彙や文法を含めた構文に関する知識が誕生し定着するのかという系統
発生については、ほとんど触れてきませんでした。

　用法基盤モデルでは、様々な文法要素は普遍文法の形で遺伝子によって受
け継がれるわけではなく、社会・文化に根差した談話の中で言語が繰り返し
使用される中で、長い時間をかけ少しずつ蓄積されると主張します（Hopper
and Traugott 2003）。つまり、以前は、談話内で緩くまとまっていた要素が、
談話内で繰り返し使用される中で、文法的な特性としてより強固に結びつき
語彙に定着することで文法要素が出現すると考えます（10.1 節を参照）。この
ような語や句における機能の変化は文法化（grammaticalization）と呼ばれま
す。文法化の結果生じる文法要素には、関係詞、助動詞、受動態、時制、前
置詞、主題標識、法、格、決定詞、補文標識、数などがあります。これらの
要素は談話的な要素によって表されていたものが、繰り返し使用されること
で長い時間をかけ、徐々に語や語順によって表されるようになったものと言
えます。

　文法化はその名が表す通り、語彙的な要素の文法的な要素への変化を表し
ますが、構文文法では、文法化をもう少し広く構文化（constructionalization）
の観点から捉えようとします。つまり、文法化をこれまでになかった新しい
構文が誕生する過程の一種とみなします。構文化には、内容語が機能語にな
るものだけでなく、新しい内容語が誕生することもあります。また、脱文法
化など、通常の文法化とは異なる経路を経て誕生するものや、借用語や固有
名詞が一般語彙化することもあります。これらはすべて新しい構文の誕生と
いう意味では構文化に分類されます。さらに、Hilpert（2013: 16）では、形式
の変化や意味の変化だけでなく、出現頻度の変化や使用域の変化なども構文
化に含まれると主張しています。つまり、ある構文が最近よく使うように
なったといった頻度に関する情報や、以前は一部の人々だけが使っていた表
現が一般的に使われるようになってきているというような言語使用域に関す
る情報も記憶の一部として蓄えられているため構文に関する知識の一部とみ
なします。

　本節で見てきたように、構文に関する知識は方言や時代によって異なる知

識です。もちろん、すべての話者の言語知識を明らかにするのは不可能ですが、文法が、言語使用からボトムアップで誕生すると考えるのであるなら、すべての話者に共通する均質的な構文知識を最初から仮定するのではなく、地理的な広がり、社会的な広がり、歴史的な広がりの中で各言語使用域に見られる言語知識の特徴をつかんだうえで、その中の共通点を探っていくという姿勢が重要です。

　いずれにせよ、用法基盤モデルに基づいた構文文法の分析を進めていくと、言語を使用する話者と、話者を取り囲み絶えず言語に影響を与え続ける社会や文化についても考慮する必要が出てきます。人間は社会や文化の中で必要に応じて様々な言語知識を使い分けます。また、社会や文化の要請によって、知識は構造化されていきます。Dąbrowska and Divjak(2015: 6)において、今後、認知言語学の社会的転回(social turn)が起こると指摘されているように、構文文法の研究においても言語と社会という視点が重要になるでしょう。

12.4　構文の形式：マルチ・モーダル構文

　3つ目の課題は、構文における形式とは何かという問題です。構文を構成する形式と意味のうち、構文文法では、構文が持つ意味や機能とは何かについては詳細な分析がなされています。一方で、構文を構成するもう1つの柱である形式については、一見すると明白な形を持っているため意味に比べてそれほど分析が進んでいません。特に、これまでの構文文法では伝統的な言語学の研究と同様に、明確な形を捉えやすい書き言葉が主な研究対象とされてきたため、音声言語の分析を書かれた文字を使って行うというねじれた状況にありました。しかし、人間の言語は一義的には話し言葉である(language is primarily oral)という点に注目すると[3]、形式とは何かという問題が単純には決められないことに気づかされます。

　例えば、書き言葉と話し言葉では伝わってくる情報量が全く違います。一例を挙げると、You are so smart という書き言葉の一文は、話し言葉では様々な形で現れます。so に強勢を置いたり、so を長く発音したり、so ととも

に、引用を表すジェスチャーを伴わせたり、また、smart と発音する際にニヤリと笑うことや、ため息をつきながら発話することもできます。これらの違いによって、文の解釈は劇的に変わります。単に賢いという意味を表すのではなく、心から驚いたことを表したり、ずる賢いというニュアンスを伝えたりすることもあるでしょう。一般的に、話し言葉は書き言葉に比べて、形式面が多様であり、形式によって伝わる情報が多くなります。言い換えると、書き言葉は話し言葉で伝えられる多くの要素が捨象されるため情報量が圧倒的に少なくなると言えます[4]。

　話し言葉に注目すると、伝統的には言語の一部とは見なされない 2 つの形式的な特徴が意味を伝達する上で重要な役割をしていることが分かります。1 つ目は、パラ言語的要素です。これには、イントネーション、リズム、ポーズ、声質のようなものが含まれます。パラ言語的な要素を用いることで、話者の感情や態度などが伝わり、発話された文のニュアンスは劇的に変わります。また、パラ言語的な要素は発話の中でアドホック的に使われるだけでなく、構文の形式的な要素として定着しているものがあります。例えば、文末に現れる上昇調のイントネーションは疑問と結びつく一方で、付加疑問構文は、下降調のイントネーションと結びついています。また、談話標識の well には、少し間を取りながら息を吸い込むという行為と結びついています。Santa Barbara Spoken Corpus で談話標識の well を見ると、well の前には必ず、息を吸い込む行為が確認されます。この場合、談話標識 well の形式には /wɛl/ という音声だけでなく、息を吸い込む行為も含まれると見なせます。

　2 つ目は、非言語的な要素です。非言語的要素は言語に付随する要素の中でも、視覚的な情報のように音声的な要素ではないものを表します。非言語的要素には、ジェスチャー、表情、指差しなどがあります。近年、構文の概念を、視聴覚情報を含む非言語的要素に適用した、マルチ・モーダル構文の研究が盛んです(Steen and Turner 2013; Cienki 2015)。マルチ・モーダル構文の研究の主な研究テーマに、言語に付随して頻出するジェスチャーがあります。一般的に、空間的な概念を表す際に、空間的な方向と同方向に、手が動くことや、賛成や不賛成の際に、うなずいたり首を振ったりすることは知

られていますが、ジェスチャーの中には特定の構文に高頻度で付随をするため、構文の一部に含まれるとみなせるものもあります。例えば、McNeill (1992)は次の例に付随する要素を挙げています。

（5）　He grabs a big oak tree and bends it way back.

(5)の文では、前半部分が発話される際、話者は何かをつかむような手の形をしながら右手を前方の少し上方向にだし、bends の発話の際には、その手で、何かをつかみ、その想像上の木を引っ張り下ろす動作を行ったことが報告されています。誰しも経験があることと思いますが、ジェスチャーは無意識に出るものであり、動揺、怒り、悲しみなどの心の状態と密接に関係しています。特定のジェスチャーが、ある種の言語形式に高確率で付随する場合、その要素も、構文の形式の一部として意味を伝達するとみなすことができるでしょう[5]。

　マルチ・モーダル構文の研究は、構文研究で軽視されがちな形式面を詳細に考察するものです。言語がコミュニケーションの手段であり、コミュニケーションは様々な手段で達成される点を考慮すると、構文研究を言語的要素に限定するのではなく、様々なタイプの意味を伝える形式を全体として見ていく必要があるでしょう。マルチ・モーダル構文の分析は、科学技術の進展と切り離すことができません。動画を含むコーパスの整備も必要ですし、定量的な分析をするためには、非言語的要素を自動的に認識して、数値化するような機材も必要でしょう[6]。

12.5　構文文法という窓

　構文文法は Fillmore et al.(1988) と Goldberg(1995) に端を発しており、言語理論の中では比較的新しい学問でありますが、現在までに、着実に研究成果を積み重ねており、今後も学際的かつ実証的な方向に研究が続いていくと思われます。特に、近年の科学技術の進歩は、言語使用の中で立ち現れ、揺れ動きながら定着していく構文を捉えるための素晴らしいデータを提供して

くれます。

　理論とは現象を見るための窓のようなものです。構文文法であっても辞書・文法モデルであっても理論なしでは現象を見ることができません[7]。窓の中には、ガラスが分厚く現象が少し歪んで見えるものや、少し色味がかかったガラスになっているもの、現象を見るには少し離れた場所にあるものなどがあるかもしれません。どの窓から現象を見るかによって、現象がどのように見えるかは異なります。しかし、窓を通さないと現象を見ることはできません。言語学の世界には構文文法という窓から言葉を織りなす不思議な世界を調査している研究者や若き学生がたくさんいます。

　最後に、一番大切なことを言いたいと思います。本書で構文文法に関する基本的な考え方を学んだら、次に、実際に言語分析に使ってみてください。現在は、Mark Davis のサイトにあるコーパスを始め、短時間に大量の言語データにアクセスすることが可能です。これまで見逃されてきた構文を発見することも、方言によって構文の使用方法に差があることも、言語習得や歴史の流れの中で特定の構文がどのように発現するかを見ることも可能です。読者の皆さんも一度、構文文法という窓から言語を見てみてください。そこには素晴らしい景色が広がっているでしょう。

■　問題

1　構文文法を言語分析に用いることの利点を 3 つ挙げてみよう。

2　構文文法と従来の言語学では、言語学の下位部門に関してどのような捉え方の違いがあるか考えてみよう。

3　構文文法が今後進むべき 3 つの方向を挙げてみよう。

4　若者の言葉使いのような言語変化や方言のような言語変種について、好ましく思わない人が一定数いるのはなぜか考えてみよう。

5　下の文は、黒人英語の例である。この (a)–(d) の発話を行う話者が持つと考えられる言語知識を考えてみよう。

　(a) I never bother nobody.（私は誰の邪魔もしない）

　(b) I ain't coming back.（私は帰らないよ）

　(c) Him and we saw John.（彼と私はジョンを見た）

(d) It was no soap shampoo.（どこにもシャンプーがない）

6　特定の言語表現に付随するパラ言語的要素や非言語的要素にはどのようなものがあるか考えてみよう。

■　読書案内

　構文文法が進む 3 つの方向性については、Dąbrowska and Divjak(2015:3–6)にまとめられています。構文文法の概要については 586 ページからなる Hoffmann and Trousdale(2013)でつかむことができます。ここでは、構文文法に関する様々な重要なテーマを扱う 27 の重要文献が収集されています。

1　一例を挙げると、事態が未来に起こることを表す be going to が be gonna となり最終的には gonna だけで未来の事態を表す助動詞となる過程は統語論と形態論が関わる現象です。

2　ただし、構文文法では形態論と統語論の間に違いがないと言っているわけではありません。両者の間に厳密な境界線を引くのは難しいだけであり、当然、それぞれの部門が扱う典型的な現象は存在します。

3　手話のような視覚的な言語にはこの定義は当てはまりませんが、手話音韻論という用語があるように、手話には、音声言語と同等の機能が見られます。

4　もちろん、書き言葉でも、書体を変えたり、イタリックや下線等を使用したりすることで、ニュアンスを伝えることはできますが、話し言葉と比べて、伝わる情報に大きな差が見られます。

5　対面で話すよりも電話やメールで連絡をする場合に誤解が生じやすいという経験をしたことがある方も多いと思います。これは、電話では非言語的な要素を使った意志の伝達が、メールではパラ言語的な要素と非言語的な要素を使った意志の伝達が難しいからと考えられます。

6　科学技術が進歩した現在、Red Hen Lab のような、マルチ・モーダル的な要素を分析するプロジェクトも見られます。

7　ここでいう理論には、構文文法や生成文法のようないわゆる理論言語学だけでなく、伝統的な文法で想定されている主語や目的語のような統語関係や、名詞や動詞のような品詞を含む、言語を記述するためのあらゆるメタ言語が含まれます。

参考文献

Barlow, Michael and Suzanne Kemmer.（2000）*Usage-based Models of Language*. Stanford: CSLI Publications.

Bencini, Giulia M. L. and Adele Goldberg.（2000）The Contribution of Argument Structure Constructions to Sentence Meaning," *Journal of Memory and Language* 43 (4): pp. 640–651.

Biber, Douglas, Stig Johansson, Geoffrey Leech, Susan Conrad and Edward Finegan.（1999）*Longman Grammar of Spoken and Written English*. Harlow: Person Education Limited.

Boas, Hans C.（2003）*A Constructional Approach to Resultatives*. Stanford: CSLI Publications.

Boas, Hans C.（2005）Determining a Productivity of Resultative Constructions: A Reply to Goldberg and Jackendoff, *Language* 81(2): pp. 448–464.

Bohannon, John N. and Stanowicz, Laura B.（1988）The Issue of Negative Evidence: Adult Responses to Children's Language Errors. *Developmental Psychology* 24 (5): pp. 684–689.

Bolinger, Dwight.（1977）*Meaning and Form*. London: Longman.

Booij, Geert.（2010）*Construction Morphology*. Oxford: Oxford University Press.

Booij, Geert.（2013）Morphology in Construction Grammar. In Thomas Hoffmann and Graeme Trousdale.（eds.）*The Oxford Handbook of Construction Grammar*, pp. 255–273. Oxford: Oxford University Press.

Bresnan Joan and Jennifer Hay.（2008）Gradient Grammar: An Effect of Animacy on the Syntax of *Give* in New Zealand and American English, *Lingua* 118 (2): pp. 245–259.

Bybee, Joan.（2010）*Language, Usage and Cognition*. Cambridge: Cambridge University Press.

Cameron-Faulkner, Thea, Elena Lieven and Michael Tomasello.（2003）A Construction Based Analysis of Child Directed Speech, *Cognitive Science* 27 (6): pp. 843–873.

Casenhiser Devin and Adele E. Goldberg.（2005）Fast Mapping of a Phrasal Form and Meaning, *Developmental Science* 8: pp. 500–508.

Chomsky, Noam.（1965）*Aspects of the Theory of Syntax*. Cambridge, Massachusetts: The MIT Press.

Cienki, Alan.（2015）Spoken Language Usage Events. *Language and Cognition* 7: pp. 499–514.

Croft, William A.（2001）*Radical Construction Grammar: Syntactic Theory of Typological Perspective*. Oxford: Oxford University Press.（渋谷良方（訳）（2018）『ラディカ

ル構文文法―類型論的視点から見た統語理論』研究社）

Crystal, David.（2008）*Txtng: The Gr8 Db8*. Oxford: Oxford University Press.

Crystal, David.（2010）*A Little Book of Language*. New Haven and London: Yale University Press.

Dąbrowska, Ewa and Elena Lieven.（2005）Towards a Lexically Specific Grammar of Children's Question Constructions, *Cognitive Linguistics* 16（3）: pp. 437–474.

Dąbrowska, Ewa and Dagmar Divjak.（2015）*Handbook of Cognitive Linguistics*. Berlin and New York: Mouton de Gruyter.

Diessel, Holger and Michael Tomasello.（2001）The Acquisition of Finite Complement Clauses in English: A Corpus-based Analysis, *Cognitive Linguistics* 12: pp. 1–45.

Dixon, R. M. W.（2005）*A Semantic Approach to English Grammar*. Oxford: Oxford University Press.

Dixon, R. M. W.（2014）*Making New Words: Morphological Derivation in English*. Oxford: Oxford University Press.

Dowty, David.（1991）*Thematic Proto-Roles and Argument Selection*, Language 67（3）: pp. 547–619.

Du Bois, John W.（1985）Competing Motivations. In Haiman John.（ed.）*Iconicity in Syntax*, pp. 343–366. Amsterdam and Philadelphia: John Benjamins.

Du Bois, John W.（2003）Argument Structure: Grammar in Use. In John W. Du Bois, Lorraine E. Kumpf and William J. Ashby.（eds.）*Preferred Argument Structure: Grammar as Architecture for Function*, pp. 1–60. Amsterdam and Philadelphia: John Benjamins.

Du Bois, John W.（2014）Towards a Dialogic Syntax, *Cognitive Linguistics* 25（3）: pp. 359–410.

Ellis, Nick C., Ute Römer and Matthew B. O'Donnell.（2016）*Usage-Based Approaches to Language Acquisition and Processing: Cognitive and Corpus Investigations of Construction Grammar*. Oxford: Wiley.

Enkvist, Nils E.（1990）Discourse Comprehension, Text Strategies, and Style, *AUMLA: Journal of the Australasian Universities Language and Literature Association* 73: pp. 166–180.

Evans, Vyvyan.（2014）*The Language Myth: Why Language Is Not an Instinct*. Cambridge: Cambridge University Press.

Evans, Vyvyan and Melanie Green.（2006）*Cognitive Linguistics: An Introduction*. Edinburgh: Edinburgh University Press.

Fillmore, Charles J.（1968）The Case for Case. In Emmon Bach and Robert Harms.（eds.）*Universals in Linguistic Theory*, pp. 1–88. New York: Holt, Rinehart, and Winston.

Fillmore, Charles J. (1977) Scenes-and-frames semantics. In Antonio Zampolli. (ed.) *Linguistic Structures Processing*, pp. 55–81. Amsterdam: North-Holland.

Fillmore, Charles J., Paul Kay and Mary C. O'Connor. (1988) Regularity and Idiomaticity in Grammatical Constructions: The Case of *Let Alone, Language* 64: pp. 501--538.

Fillmore, Charles. J., Russell R. Lee-Goldman and Russell Rhodes. (2012) The FrameNet Construction. In Hans C. Boas and Ivan Sag. (eds.) *Sign-Based Construction Grammar*, pp. 283–299. Stanford: CSLI Publications.

Gahl, Susanne and Susan M. Garnsey. (2004) Knowledge of Grammar, Knowledge of Usage: Syntactic Probabilities Affect Pronunciation Variation. *Language* 80 (4): pp. 748–775.

Givón, Talmy. (1986) Prototypes: Between Plato and Wittgenstein. In Colette Craig. (ed.) *Noun Classes and Categorization*, pp. 77–102. Amsterdam and Philadelphia: John Benjamins.

Goldberg, Adele E. (1995) *Constructions: A Construction Grammar Approach to Argument Structure*. Chicago: The Chicago University Press. (河上誓作、早瀬尚子、谷口一美、堀田優子 (訳) (2001)『構文文法論—英語構文への認知的アプローチ』研究社)

Goldberg, Adele E. (2002) Surface Generalizations: An Alternative to Alternations, *Cognitive Linguistics* 13 (4): pp. 327–356.

Goldberg, Adele E. (2006) *Constructions at Work: The Nature of Generalization in Language*. Oxford: Oxford University Press.

Goldberg, Adele E. (2019) *Explain Me This: Creativity, Competition, and the Partial Productivity of Constructions*. Princeton: Princeton University Press.

Green, Georgia M. (1985) The Description of Inversion in Generalized Phrase Structure Grammar, *BLS* 11: pp. 117–146.

Gries, Stefan Th. and Anatol Stefanowitsch. (2004) Extending Collostructional Analysis: A Corpus-based Perspective on 'Alternations, *International Journal of Corpus Linguistics* 9 (1): pp. 97–129.

Haiman, John. (1985) *Natural Syntax*. Cambridge: Cambridge University Press.

Halliday, Michael A. K. (1967) Notes on Transitivity and Theme in English, Parts II, *Journal of Linguistics* 3: pp. 199–244.

Hay, Jennifer and R. Harald Baayen. (2005) Shifting Paradigms: Gradient Structure in Morphology, *Trends in Cognitive Sciences* 9 (7): pp. 342–348.

早瀬尚子・堀田優子 (2005)『認知文法の新展開』研究社

Hilpert, Martin. (2013) *Constructional Change in English: Developments in Allomorphy, Word Formation, and Syntax*. Cambridge: Cambridge University Press.

Hilpert, Martin.（2014）*Construction Grammar and Its Application to English*. Edinburgh: Edinburgh University Press.

Hoffmann, Thomas and Graeme Trousdale.（2013）*The Oxford Handbook of Construction Grammar*. Oxford: Oxford University Press

堀内ふみ野（2017）「響鳴からみる子供の前置詞の使用―CHILDES を用いた観察から」『語用論研究』第 19 号, pp. 1–27.

Hopper, Paul J. and Sandra A. Thompson.（1980）Transitivity in Grammar and Discourse, *Language* 56（2）: pp. 251–299.

Hopper, Paul J. and Elizabeth C. Traugott（2003）*Grammaticalization*（2nd ed.）Cambridge: Cambridge University Press.

Iwata, Seizi.（2008）*Locative Alternation: A Lexical-constructional Approach*. Amsterdam and Philadelphia: John Benjamins.

岩田彩志（2012）『英語の仕組みと文法のからくり』開拓社

Jackendoff, Ray.（1983）*Semantics and Cognition*. Cambridge, Massachusetts: MIT Press.

Jackendoff, Ray.（2002）*Foundations of Language: Brain, Meaning, Grammar, Evolution*. Oxford: Oxford University Press.（郡司隆男（訳）（2006）『言語の基盤―脳・意味・文法・進化』岩波書店）

影山太郎（編）（2001）『日英対照 動詞の意味と構文』大修館書店

貝森有祐・谷口一美（2017）「構文文法」畠山雄二（編）『最新理論言語学用語辞典』pp. 380–419. 朝倉書店

Kövecses, Zoltán.（2002）*Metaphor: A Practical Introdcuction*. Oxford: Oxford University Press.

児玉一宏・野澤元（2009）『言語習得と用法基盤モデル―認知言語習得論のアプローチ』研究社

串田秀也・定延利之・伝康晴（編）（2005）『活動としての文と発話』ひつじ書房

串田秀也・定延利之・伝康晴（編）（2007）『時間の中の文と発話』ひつじ書房

串田秀也・定延利之・伝康晴（編）（2008）『「単位」としての文と発話』ひつじ書房

Lakoff, George and Mark Johnson.（1980）*Metaphors We Live By*. Chicago: The University of Chicago Press.（渡部昇一、楠瀬淳三、下谷和幸（訳）（1986）『レトリックと人生』大修館）

Langacker, Ronald W.（1987）*Foundations of Cognitive Grammar*（vol. 1）, *Theoretical Prerequisities*. Stanford: Stanford University Press.

Langacker, Ronald W.（1991）*Concept, Image and Symbol: The Cognitive Basis of Grammar*. Berlin and New York: Mouton de Gruyter.

Langacker, Ronald W.（2000）Dynamic Usage-based Model. In Michael Barlow and Suzanne Kemmer.（eds.）*Usage-based Models of Language*, pp. 1–63. Stanford: CSLI

Publications.

Langacker, Ronald W.（2008）*Cognitive Grammar: A Basic Introduction*. Oxford: Oxford University Press.（山梨正明（監訳）（2011）『認知文法論序説』研究社）

Levin, Beth.（1993）*English Verb Classes and Alternations: A Preliminary Investigation*. Chicago: The University of Chicago Press.

Lieven Elena, Behrens Heike, Speares Jenny and Tomasello Michael.（2003）Early Syntactic Creativity: A Usage-based Approach, *Journal of Child Language* 30: pp. 333–370.

松本曜（1997）「空間移動の言語表現とその拡張」『空間と移動の表現』pp. 126–230. 研究社

McNeill, David.（1992）. *Hand and Mind: What Gestures Reveal about Thought*. Chicago: The University of Chicago Press.

Michaelis, Laura A.（2004）Type Shifting in Construction Grammar: An Integrated Approach to Aspectual Coercion. *Cognitive Linguistics* 15（1）: pp. 1–67.

鍋島弘治朗（2011）『日本語のメタファー』くろしお出版

中山俊秀・大谷直輝（編）（近刊）『認知言語学と談話機能言語学の有機的接点』ひつじ書房

西川盛男（2006）『英語接辞研究』開拓社

西村義樹（編）（2018）『認知文法論 I』大修館書店

野村益寛（2014）『ファンダメンタル認知言語学』ひつじ書房

大堀壽夫（2002）『認知言語学』東京大学出版会

小野尚之（編）（2007）『結果構文研究の新視点』ひつじ書房

Perek, Florent.（2015）*Argument Structure in Usage-based Construction Grammar*. Amsterdam and Philadelphia: John Benjamins.

Pinker, Steven.（1989）*Learnability and Cognition: The Acquisition of Argument Structure*. Cambridge, MA: MIT Press.

Pinker, Steven.（1994）*The Language Instinct*. New York: William Morrow.

Radden, Günter and René Dirven.（2007）*Cognitive English Grammar*. Amsterdam and Philadelphia: John Benjamins.

Rickford, John R.（1983）Carrying the New Wave into Syntax: The Case of Black English BÍN. In Ralph W. Fasold.（ed.）*Variation in the Form and Use of Language: A Sociolinguistic Reader*, pp. 98–119. Washington: Georgetown University Press.

Rosch, Eleanor.（1973）Natural Categories, *Cognitive Psychology* 4: pp. 328–350.

定延利之（2005）『ささやく恋人、りきむリポーター』岩波書店

Saeed, John I.（1997）*Semantics*. Oxford: Blackwell Publishing.

Sag, Ivan.（2010）English Filler-gap Constructions, *Language* 86（3）: pp. 486–545.

﨑田智子・岡本雅史（2010）『言語運用のダイナミズム』研究社

澤田治美（編）（2012）『ひつじ意味論講座　構文と意味』ひつじ書房

澤田淳（2008）「日本語の介在使役構文をめぐって―認知言語学と語用論の接点」児玉一宏・小山哲春（編）『言葉と認知のメカニズム』pp. 61–73. ひつじ書房

瀬戸賢一・山添秀剛・小田希望（2017）『認知言語学演習 3―解いて学ぶ認知構文論』大修館書店

嶋田裕司（2017）「英語の不可算抽象名詞の意味について」『群馬県立女子大学紀要』第 38 号, pp. 113–128.

Steen, Francis and Mark B. Turner. (2013) Multimodal Construction Grammar. In Michael Borkent, Barbara Dancygier and Jennifer Hinnell. (eds.) *Language and the Creative Mind*, pp. 255–274. Stanford: CSLI Publications.

Stefanowitsch, Anatol and Stefan Th. Gries. (2003) Collostructions: Investigating the Interaction between Words and Constructions," *International Journal of Corpus Linguistics* 8 (2): pp. 209–243.

Stubbs, Michael. (1983) *Discourse Analysis: The Sociolinguistic Analysis of Nature Language*. Oxford: Basil Blackwell.

鈴木亮子・秦かおり・横森大輔（2017）『話しことばへのアプローチ―創発的・学際的談話研究への新たなる挑戦』ひつじ書房

高橋英光（2010）『言葉のしくみ―認知言語学の話』北海道大学出版

Talmy, Leonard. (2000) *Toward a Cognitive Semantics* (vol. 1), *Concept Structuring Systems*. Cambridge, Massachusetts: MIT Press.

谷口一美（2006）『学びのエクササイズ認知言語学』ひつじ書房

Taylor, John R. (2003) *Linguistic Categorization* (3rd ed.) Oxford: Oxford University Press.

Taylor John R. (2012) *The Mental Corpus: How Language is Represented in the Mind*. Oxford: Oxford University Press.（西村義樹、平沢慎也、長谷川明香、大堀壽夫、古賀裕章、小早川暁、友澤宏隆、湯本久美子（訳）（2017）『メンタル・コーパス ―母語話者の頭の中には何があるのか』くろしお出版）

Tomasello, Michael. (ed.) (1998) *The New Psychology of Language: Cognitive and Functional Approaches to Language Structure* 1. Mahwah: Lawrence Erlbaum Associates.

Tomasello, Michael. (ed.) (2003) *The New Psychology of Language: Cognitive and Functional Approaches to Language Structure* 2. Mahwah: Lawrence Erlbaum Associates.

Tomasello, Michael. (2003) *Constructing a Language: A Usage-based Theory of Language Acquisition*. Cambridge, Massachusetts: Harvard University Press.（辻幸夫、野村益寛、出原健一、菅井三実、鍋島弘治朗、森吉直子（訳）（2008）『ことばをつくる―言語習得の認知言語学的アプローチ』慶應義塾大学出版会）

Tomasello, Michael. (2009) The Usage-based Theory of Language Acquisition. In Edith L.

Bavin. (ed.) *The Cambridge Handbook of Child Language*, pp. 69–87. Cambridge: Cambridge University Press.

辻幸夫（編）（2013）『新編 認知言語学キーワード事典』研究社

内田諭（2015）『フレーム意味論に基づいた対照の接続語の意味記述』花書院

上原聡・熊代文子（2007）『音韻・形態のメカニズム』研究社

Washio, Ryuichi. (1997) Resultatives, Compositionality and Language Variation. *Journal of East Asian Linguistics* 6: pp. 1–49.

Wulff, Stefanie, Anatol Stefanowitsch and Stefan Th. Gries. (2007) Brutal Brits and Persuasive Americans: Variety-specic Meaning Construction in the *Into*-causative. In Günter Radden, Klaus-Michael Köpcke, Thomas Berg and Peter Siemund. (eds.) *Aspects of Meaning Construction*, pp. 265–281. Amsterdam and Philadelphia: John Benjamins.

山梨正明（2000）『認知言語学原理』くろしお出版

山梨正明（2004）『ことばの認知空間』開拓社

山梨正明（2009）『認知構文論―文法のゲシュタルト性』大修館書店

吉村公宏（2003）『認知音韻・形態論』大修館書店

索引

A–Z

clear 交替　81
FILLER-GAP 構文　127
for 与格構文　83
into 使役構文　215
to 与格構文　83, 177
way 構文　14, 15
wh 疑問構文　199
Yes-No 疑問文　153, 154

あ

アイコン　85
アマルガム構文　124

い

イディオム　23, 24, 25, 33
意図の理解　194
意味的結束性原理　62, 63
意味役割　59
イメージ・スキーマ　156, 157, 158
一貫性　166, 167
一語文　187, 196
イントネーション・ユニット　179, 180

う

右方転位構文　175
売り買いのフレーム　106

え

エネルギーの移動　71
エピソード記憶　115

お

音節構造　2

か

解釈　98
外部世界　97
概念的な原型　72
過去形　150, 151
可算名詞　156, 157, 158
過剰一般化　88, 186, 188, 201, 202
カテゴリー化　107
カテゴリー妥当性　52
関係節構文　200
緩徐表現　151
間接発話行為　164

き

疑似分裂構文　171, 172, 173
規則と一覧の誤謬　36
機能語　150
逆成　140
客観的な意味　95, 96
旧情報　167, 177
共時態　22
強制　17, 46
強制の原理　46
共同注意フレーム　193, 194
響鳴　181, 204
響鳴の原則　181

く

句複合語　134
具体例のリンク　121
屈折　132

群属格　143, 208

け

経済性最大化の原則　118
継承リンク　119
形態統語論　142
形態論　142, 143, 208
ゲシュタルト的意味　12
結果構文　67, 68, 89
結果述語　88, 89
結合価　58, 74
結束性　166
現在形　152
言語記号　6
言語使用　30, 31
言語使用域　213
言語能力　190

こ

語彙化　134
語彙・構文アプローチ　88
語彙項目構文　197
行為者　59, 159
項構造　56
項構造構文　5, 55, 56, 120, 176
構成性　12
構成性の原理　11
構成体　41
行動証拠　210, 212
構文化　216
構文形態論　135
構文交替　81
構文的意味　12
構文のネットワーク　2, 74, 117, 118, 119,
　　125, 139

コーパス　115
黒人英語　214
語結合　197
古典的カテゴリー　108, 148, 149
語用論的前提　174
コロケーション　48
コロストラクション　89, 90, 91, 93
根源的構文文法　162
混成　134

さ

再帰構文　76
再帰性　21
再分析　140
三項関係　193
参照点　105
参照点能力　103
参与者　55

し

地　98, 161
恣意的　6
使役移動構文　5, 67, 68, 69, 122
使役介在構文　71
ジェスチャー　218
軸スキーマ　197
刺激の貧困　190, 191
辞書・文法モデル　20, 21, 27, 28, 29, 190,
　　192
時制　150
自然発話　176, 177
事態構造　55, 56, 58
質量名詞　156, 157, 158
視点　102
自動詞構文　176

社会的転回　217
社会・認知的な能力　193
収束的な証拠　213
主観的な意味　95, 96, 155
主語　158, 159, 162
主語・助動詞倒置構文　126
主題役割　59, 63
受動構文　49, 76
手話　221
順次的走査　156
焦点化　71
焦点化強勢　179
情報構造　176
情報梱包構文　170
新奇動詞　51
新旧情報の原理　167, 170
新情報　167, 176, 177
心的走査　101
心理的な実在性　210

す

図　98, 161
スキーマ化　195

せ

生産性　26, 141
生得主義　190
前置詞与格構文　8, 10

そ

総括的走査　156
相互構文　76
創造性　131

た

タイプ頻度　137, 143
対話統語論　181
多義性のリンク　122
他動詞構文　125, 176
他動性　177
段階性　138
談話　165
談話機能　170
談話標識　54, 179

ち

抽象性　33
抽象的な構文　125, 188, 198, 212
抽象名詞　154
直説法　79

つ

強い結果構文　67

て

提示文　200
手掛かり妥当性　51, 52
典型的な行為者　160
典型的な被行為者　164
電子コーパス　115, 116, 117

と

トークン頻度　137, 138, 143
導管のメタファー　66, 104
道具主語構文　101
同型性　85, 175
動機づけ最大化の原則　118
統語論　142, 143, 208

動詞　155
頭字語　138
動詞島仮説　197
動詞の意味クラス　202
動詞の創造的使用　208
動詞の創造的な使用　61
動詞不変化詞構文　49, 177
同族目的語構文　48
動能構文　86
透明性　131
捉え方　98

な

内容語　150

に

二項関係　193
二重目的語構文　8, 9, 64, 65, 83, 177, 215

ね

ネットワーク　113, 141

は

場所格交替　81, 84
派生　77, 82, 133
パターン認識　195
話し言葉　178, 217
場面記号化仮説　73
パラ言語的要素　178, 218

ひ

比較相関構文　26
被行為者　59
非言語的な要素　178, 218
必要十分条件　108

非同義性の原則　118
百科事典的知識　105
表現力最大化の原則　118
表層形　82, 141
表層形に基づく一般化　82, 84
漂流　136
ビリヤードボール・モデル　70
品詞　154
頻度　43, 116
頻度の偏り　50, 51, 209

ふ

フィッシャーの直接確率検定　90
不可算名詞　46
複雑性　33
部分関係のリンク　121
プライミング　114
プリエンプション　202
フレーム　105, 107
プロトタイプ　109
プロトタイプ・カテゴリー　110, 148, 149
プロファイル　99, 100
分析性　26
文体　28
文法化　30, 169, 216
文法カテゴリー　149, 161
文法関係　158
文法標識　150
分裂構文　171, 172, 173

へ

ベース　99, 100

ほ

方言　214

抱合語　208

補文節構文　199

ま

マルチ・モーダル構文　218

む

無意味構文　127

め

名詞　154, 155

名詞句外置構文　175

命令構文　79, 80

命令文　154

命令法　79

メタファー　66, 103

メタファーリンク　123

メトニミー　103

メンタル・コーパス　115, 116, 117, 118

や

役割の反転　194

ゆ

有縁性　85

よ

用法基盤モデル　30, 31, 191, 192, 207

予測不可能性　39, 42

弱い結果構文　67

り

理想的な母語話者　22, 27

粒度　102

る

類推　140

類像性　84, 85

れ

例置疑似分裂構文　173

歴史的現在　164